登山外来へようこそ

大城和恵

角川新書

はじめに

「今日、死ぬ必要はないから、登るのはやめて帰ろう」

三年前の冬、私はクライミングパートナーと冬のクライミングに行きました。スキーで移動していたところ、吹雪《ふぶき》になり、帰り道を見失わない様に、GPSでマーキングをしながら進みました。すると、ワッフ音（雪崩《なだれ》のリスクを示す雪の音）が聴こえてきました。私たちはゾッとしてただちに引き返しました。

翌年、春のクライミングに行きました。明け方にクライミングを開始できるよう夜中にテントを出発しました。出発前に、壁の氷がゆるんでいないか、風はどのくらい強いか、音を耳で確認しました。基部（スタート地点）に着き、登る準備をしていたところ、壁の上の方からヒューッという音が聴こえ、どんどん近づいてきました。岩らしいと気づき、とっさに横に移動しました。その際、ロープとザックが流されてしまいました。暗闇の中でその音の大きさとスピードから、かなり大きな岩であろうということが容易に想像できました。私たちはただちにクライミングをやめ、山を下りました。

私と一緒に登ってくれるパートナーは、とても慎重です。天候などのコンディションに即して、迷わずこのような決断を下せます。こうしたパートナーがいるおかげで、今日もまた生きながらえることができたのかもしれない、と思っています。大げさに聞こえるかもしれませんが、冷静に判断が下せるこういう仲間こそ、自分に足りない部分を補完してもらっているかけがえのない存在なのです。

私が山を始めたのは、楽しそう、景色が美しそう、という好奇心からでした。当初は登山中に何かあったらどうしようとは思うものの、実際何が起こるかは漠然としていて想像がつきませんでした。山に何度も出かけ、小屋だけでなくテントに泊まってみたり、縦走したり、冬山やクライミング、海外遠征など、いろんな形態の登山を楽しみました。そうしているうちに、徐々に山の怖さや、起こることへの想像力が身に付く様になりました。

近年はかつてない登山ブームです。山の情報も多く、アクセスも便利になり、山の経験の少ない人や、装備を持ち合わせていない人、持病を抱える人や、体力の低下した高年者でも、気軽に登山に出かけることができるようになりました。

登山は、自分で行く山を決めて、自分で楽しむことができる自主性に委ねられた素晴らしいスポーツです。そのうえ、何歳からでも始めることができます。

しかし、ひとたび大自然の中に足を踏み入れると、たとえケガや病気をしても、家や街にいるようにすぐに病院に行けません。

私も登山を始めたときは、前述のように今ほどの知識はなく、漠然とした危機感と安全意識しかありませんでした。

そんな私が二〇一〇年に日本人としてはじめて国際山岳医の資格を取得しました。国際山岳医とは、高山病、低体温症、凍傷といった山で起こりうる病気やケガの専門知識を有します。同時に、医師自体に一定の登山技術も求められ、山と山の医療を知っている医師といえます。

国際山岳医の資格を取得してから、北海道警察山岳遭難救助隊の方に、山岳遭難や遭難現場についで勉強をさせていただき、私からは救助の現場で可能な応急処置技能を伝え、その山域や救助隊の持つ装備から何が合理的かを、救助隊の方と一緒に考えてきました。そうするなかで、救助の技術やレベルを高め、一秒でも早く救助をしても、遭難の発生自体が減らなければ失われる命は減らないこと、発生した遭難にだけ対処していても遭難は減らないという当たり前のことに気付かされました。そして救助活動にはリスクを伴うことから、必要のない救助が減らないものかと、次第に考えるようになりました。

「遭難者を減らしたい」

その一心で、私は資格取得以来、国際山岳医として自分に何ができるかを考え、できうるかぎりのことを実践してきました。しかし、まだまだ私の力では足りないこと、至らないことの連続です。

登山を始めたころの私は失敗の連続で、その失敗からたくさんのことを学びました。今、その時の私のことを、「山をなめていましたね」と言われたら、確かに、と思います。でも、当時の私は、山をなめていたつもりはなく、知らなかった、経験が足りなかった、と思っていたように思います。

私は山岳医療を学び、山の経験を重ね、昔よりは山の安全を医療面から理解し、自分の安全を守れるようになりました。この経験を、一人でも多くの登山者に役に立ててもらえないかな、と心から願い、本書も、そんな切なる願いから製作が始まりました。


ここでもう少し、私の体験をお話ししましょう。

私は、ふだんは心臓血管センター北海道大野病院の循環器内科を中心に勤務し、登山外来も開設しています。夏の間は、富士山や北アルプスの診療所にも駐在します。そこで、毎年多くの一般登山者を診ています。

富士山で診る三大疾患といえば、高山病、脱水症、低体温症です。

富士山で特徴的なものの一つに、弾丸登山の人たちの体調不良があります。弾丸登山とは、時間をかけて標高を上げることなく一気に頂上を目指す登山で、多くは山頂で日の出を見るために夜通し登り続けるスタイルを指します。

高山病を防ぐには、できるだけゆっくりしたペースにすることがなにより大切です。標高を上げたあとにはしばらくその標高に滞在し、その高度に体を慣らしていくとよいでしょう。「自分は健康で体力があるから大丈夫！」と自信をもっている人でも、高山病は別ものです。このような対策を怠ると、かんたんに高山病になってしまいます。

小学生から高齢者まで誰でも登れる観光地というイメージさえある富士山ですが、幼い子と登山をしている親が、子どもが脱水症になっているのに気がつかずに登り続けてしまうケースもあります。山頂で心停止や低体温症で亡くなる登山者もいます。

これらは知識と、装備を備えることで十分に避けられます。

じつは、こんなふうに偉そうに書いている私も、つい先日、フランスのクライミングで左手が凍傷になってしまいました。この日は体感温度がマイナス三四度でしたので、寒くなることはわかっていました。しかも、谷間を登るので陽はあたりません。そこまでわかっていたにもかかわらず凍傷になりました。私は、アイスアックスを握りしめて四〇〇メートルの岩と氷の壁を登ったのですが、握力の低い左手は、無意識のうちにかなり強く握りしめていたのでした。その結果、数日後に水疱《すいほう》ができました。マッキンリーやマナスルに登頂し、三年前には三浦雄一郎氏のエベレスト遠征にチーム・ドクターとして参加した人間でも、このような痛い目に遭います。山も自分もいつも同じ条件ではないことをわかっていたつもりでしたが、ミスを犯しました。

登山愛好家のなかには、「遭難」という言葉が自分とは関係ない、遠い世界の言葉だと思っている人も多いことでしょう。

遭難は〝難に遭う〟と書きます。

救助隊が捜索に出るような状況になってはじめて遭難だと考えがちですが、それは違います。第三者に助けを求めたなら、その時点で遭難です。危ない目に遭った人に対して「あなたは遭難したんですよ」と言うと、「えっ⁉」と驚かれたことがありました。当事者とすれば、「ちょっと道に迷っただけ」「ケガをしただけ」と思っていたのでしょう。しかし、連絡が取れなくなったり、自力で下山ができなくなったりすれば、それは立派な遭難です。実際はかなり危険な状況になりかけていながら、その事態を自分で過小評価していたのです。山で道迷いをして、救助要請をせず携帯電話で家族に「ちょっと道を間違えたみたいだ」と連絡をしていた人がいました。家族が救助を要請しました。

遭難した当事者は客観的な判断ができないことがあるのですね。

登山は、レジャーとスポーツの中間のようなところに位置しています。身体能力の高い低いに関係なく誰もがトライでき、気軽に始めやすく、生涯にわたって楽しむことができます。また、新たに「山の日」も制定され、これからますます山が身近になっていくのが期待されます。山が好きな私にはとても嬉しい反面、私のように山をなめているつもりはなかったけれど、「知らなかった」「経験が足りなかった」ために、遭難が増えてしまうのではないかという心配もあります。

前述のように、私は札幌市の病院に、登山外来を開設しています。ここでは、検査や治療のほかに私の山での失敗や、救助隊や遭難した人から学んだこともお伝えしています。ですが、そこにおこしいただき、アドバイスをしてさしあげることのできる方々はほんのひと握りです。

本書は「登山外来」の診察室のようなつもりでお読みいただければ幸いです。

そんな願いをこめてあらためて。登山外来にようこそ!

目次

はじめに　3

第1章　登山ブームの裏にひそむ危険
——人はなぜ遭難するのか？　19

「初めての登山」がキリマンジャロ⁉　20
増える遭難者数　22
富士山でも「道迷い」に注意！　26
沢やバックカントリーで遭難が多いワケ　27
地域によって変わる、山岳遭難の傾向　29
中高年の遭難、グループの遭難　32
トイレの我慢が招く恐ろしいトラブル　34
お金をかける人、かけない人　36
観光地化している山の危険　37

富士山の診療所の一日　39
家族に迷惑かけたくないという心理のトラップ　42
子供と富士山を登るには　45
登山を生涯スポーツにするために　47
救助のヘリコプターは有料か？　49
生死を分けるポイント　52
致死率五〇パーセントからの生還　54
喉が渇いていなくても危険！　56
救助要請の決断で助かる命　57
命を助ける側のリスク　59

第2章　山の中で自分を守るために
——登山者が知っておくべき基礎知識　63

山岳での三大死因と登山届　64
出血多量死をふせぐ止血の必要性　67

命を救うための三つの技術　68
山では助からない心臓発作　71
三浦雄一郎氏の「半日仕事」　74
迷ったらやるべき心臓マッサージ　76
いかに早く始めるかが生存率を左右　78
心臓マッサージをやめるという選択　79
低体温症とは　81
震えがきたら、まず食べる！　82
「食べる」「隔離」「保温」「加温」　85
「凍傷＝解かす」は誤り!?　87
雪崩による死因と対策　89
「夏山」を安全に楽しむための注意点　91
山での水難事故は助かりにくい　94
高山病予防の鉄則はゆっくり登ること　95
高山病予防には努力呼吸と水分補給　98

高地脳浮腫、高地肺水腫になる危険　99

第3章　山岳医療を学ぶということ
――ファーストエイドの第一歩　103

「山岳遭難です」　104
「3SABCDE」で初期評価　106
「3S」は自分の安全が大前提　107
「ABC」は差し迫った命の危険　108
「DE」は放置した場合の死に至る危険　110
救助の待機のしかた　111
低体温症ラッピング　112
捻挫を予防するテーピング方法　115
アナフィラキシーとエピペン　118
山で求められるのは医療よりも知恵　119
ファーストエイドは登山技術のひとつ　120

第4章　国際山岳医という仕事
――遭難を減らすためにできること　123

医師を目指した理由　124
初めてのキリマンジャロで学んだこと　126
北海道への移住　129
学びに無駄はない　131
東京と北海道の違い　132
「あなたが悔しいのはどうでもいい」　134
ネパールで会った高山病の登山者　135
国際山岳医を目指す！　137
学べるだけ学びたい　139
社会における山岳文化の位置付け　141
国際山岳医の現在とこれから　143
山岳医として日本で何を行なうか？　145

道警とのパートナーシップ　147
山岳救助と山岳医療のミックス　150
助けられたかもしれない命　152
山岳医としての模索と発信　154
起きた遭難に駆けつけるより、まず遭難を減らす　155
「登山外来」の現在　156
未然に遭難をふせぐということ　158

第5章　エベレスト登頂と下山
――三浦雄一郎氏が教えてくれたこと　161

メタボからスタートした「世界の登山家」　162
予備遠征で確認された不整脈　164
手術と出発　167
心筋梗塞や脳梗塞を防ぐために　169
スケジュールを見直す意味　171

最強のチーム　173
デスゾーンを越えて山頂へ！　174
下山時に起きたトラブル　177
三浦さんという超人　179
標高八〇〇〇メートル付近での三十時間！　180
「生きる選択」としてのヘリコプター下山　182
死ぬこと以上に悪い結果はない　184
山の医療のリスクマネジメント　185
生きようとする健気さ　188
新たなチャレンジに向けて　190

おわりに――あとがきにかえて　191

第1章　登山ブームの裏にひそむ危険——人はなぜ遭難するのか？

「初めての登山」がキリマンジャロ!?

私の勤務している病院の登山外来へ、ひとりの六十代の男性が来られて、「今度、キリマンジャロに登ることにしたんです」とおっしゃいました。事前に健康診断を受けようとのこと、素晴らしい心がけだと思いました。そこで、「これまではどういう山に登ってこられたのですか?」と聞いてみると、「どこも登ったことがなく山は初めてです」。

私は大変驚きました。初めての登山がキリマンジャロなのか、と。海外の有名な山に憧れる気持ちはよくわかります。キリマンジャロは標高五八九五メートルのアフリカ大陸最高峰です。初心者でも登りやすいといった類《たぐい》の話をどなたかから聞いて、憧れをかきたてられたのでしょう。ただ、そこからは憧れと現実の間のギャップを埋めていくことが必要です。

その方の検査の結果、不整脈がわかり、「今の状態では残念ながら、登頂はできないと思いますよ」と、はっきりと告げました。不整脈があると、動悸《どうき》や息切れが起こりやすくなるだけではなく、血栓ができやすくなります。そのため脳梗塞《のうこうそく》を引き起こすこともあるので、治療をせずにおくことは本格的な登山どころか、日常生活においても危険があります。

世界各地の山を登るツアーは増えていますが、誰もが登頂できるわけではありません。なぜなら、参加者ひとりひとりの体力、体調、また標高への体の慣れ方が異なるにもかかわらず、みなが同じスケジュールで登ることになるからです。ツアーには、スケジュールによって登頂率の高いものもあれば、そうでないものもあります。登頂を断念せざるを得ない場合もあります。できるだけ長い日数をかけて、自分の体力や年齢に見合ったスケジュールのツアーを選びましょう。

その男性に対して私はこう説明しました。

「あなたはキリマンジャロに登れないというわけではありません。不整脈を治療して、ある程度、山を経験してから行かれたほうが登頂が叶うようになりますよ。いまの状態だと途中から呼吸が苦しくなって登頂できないと思いますよ。たくさん費用をかけるのに、それではもったいないですよね」

増える遭難者数

山岳遭難の発生件数や遭難者数は、ここ十年では、ほぼ右肩上がりで増えています。二〇一五年には、統計の残っている範囲では過去最多になっていました。発生件数は二五〇八件で、遭難者数は三〇四三人です（警察庁生活安全局地域課発表）。

二〇一五年の山岳遭難での死者・行方不明者数は三三五人でした。死者・行方不明者数に関していえば、ここ十年は横ばいに近い微増となっています。ここで注目したいのは遭難者数全体に占める死者・行方不明者数です。かつては遭難者のおよそ六人に一人が亡くなっていたのに対して、現在はおよそ九人に一人です。ここで考えられる理由は三つあります。一つ目は救助体制の充実。二つ目は、いわば〝お気軽登山〟の増加。三つ目は山でも携帯電話が使えるエリアが広がり、それほど厳しい状況ではなくても助けを求められるようになったことではないでしょうか。

最近は、仕事をリタイアして、自分の時間ができた中高年が登山を始めるケースが増

表1　概要

	平成18年	平成19年	平成20年	平成21年	平成22年	平成23年	平成24年	平成25年	平成26年	平成27年	
											構成比
発生件数（件）	1,417	1,484	1,631	1,676	1,942	1,830	1,988	2,172	2,293	2,508	
遭難者数（人）	1,853	1,808	1,933	2,085	2,396	2,204	2,465	2,713	2,794	3,043	100.0%
死者・行方不明者	278	259	281	317	294	275	284	320	311	335	11.0%
死　　者	251	233	253	269	262	244	249	278	272	298	9.8%
行方不明者	27	26	28	48	32	31	35	42	39	37	1.2%
負　傷　者	648	666	698	670	832	819	927	1,003	1,041	1,151	37.8%
無事救出者	927	883	954	1,098	1,270	1,110	1,254	1,390	1,442	1,557	51.2%

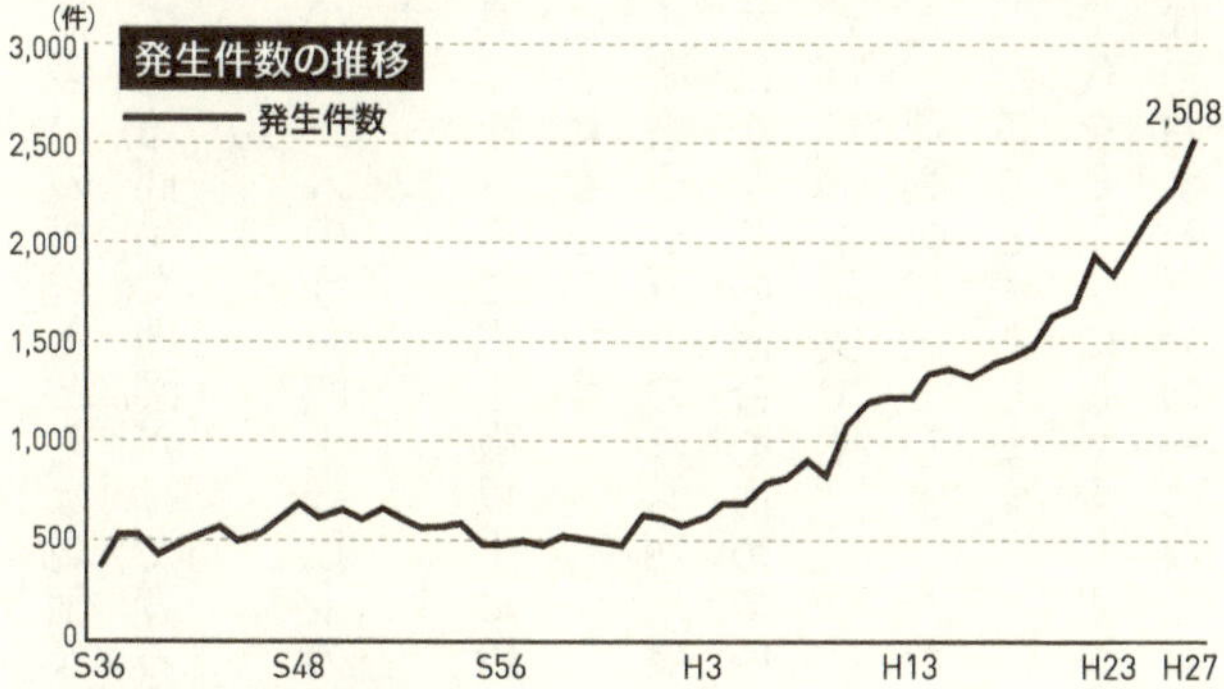

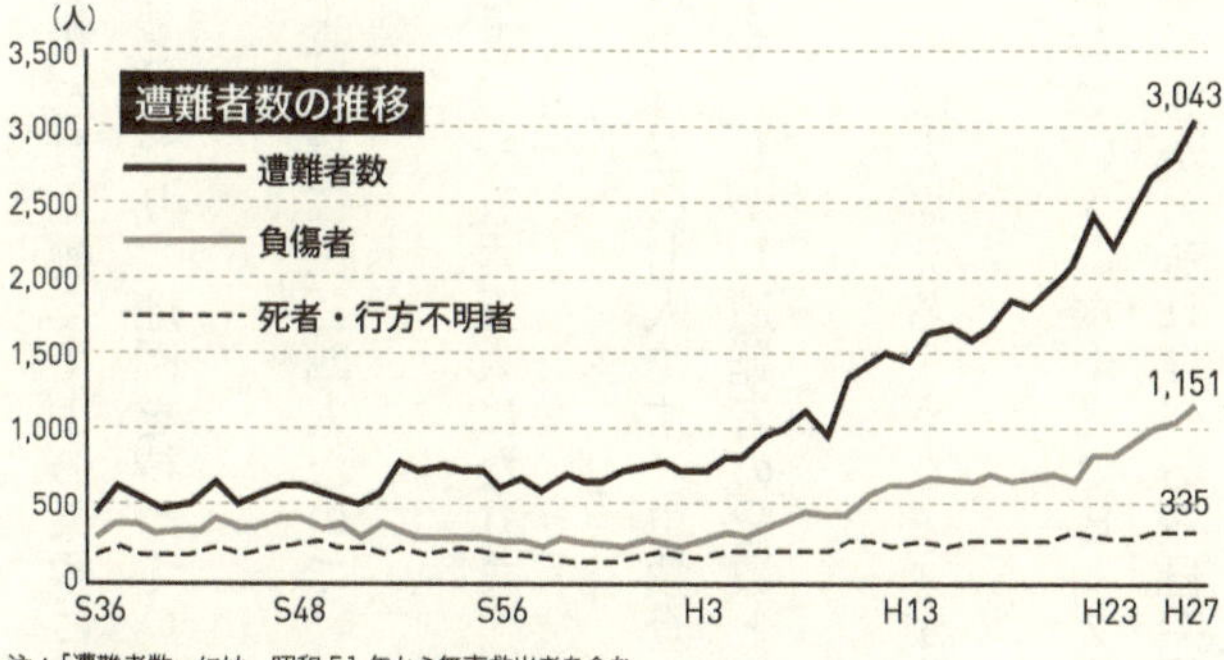

注：「遭難者数」には、昭和51年から無事救出者を含む。
警察庁生活安全局地域課による「平成27年における山岳遭難の概況」より

えてきました。そういう方に多いのが、たとえば高価な衣類を買い揃えて山の天候に備えているのに、小屋に置いてある簡易な地図だけで登ろうとしたり、地図を持っていてもコンパスを持っていなかったり。

二〇一五年に遭難した三〇四三人のうち四十歳以上の中高年は二三三四人なので、全体の四分の三を占めています。

遭難した二三三四人の中高年をさらに六十歳以上に絞ると、一五六五人になります。山岳遭難者の半数を占めることになるのです。

二〇一五年の死者・行方不明者三三五人のうち四十歳以上は三〇七人です。単独登山は一八五人なので、それぞれにかなりの割合を占めています。しかし遭難者の総数としては、グループ登山のほうが高いのが現実です。

たとえば、カッパを忘れた、運動靴で来てしまったなど些細と思えるようなミスが取り返しのつかない危険につながることがあります。

人間の体力や筋力は、二十代をピークにして少しずつ落ちていき、六十代でピーク時のおよそ半分になり、七十代でおよそ三分の一になります。しかしそれは、ある日突然、

表2　年齢層別山岳遭難者

	平成23年	平成24年	平成25年	平成26年	平成27年	
	人数	人数	人数	人数	人数	構成比
20歳未満	81	165	230	153	201	6.6%
20 ～ 29	181	199	236	222	228	7.5%
30 ～ 39	246	263	251	281	277	9.1%
40 ～ 49	231	267	332	333	372	12.2%
50 ～ 59	347	343	406	402	397	13.0%
60 ～ 69	639	681	686	744	791	26.0%
70 ～ 79	378	451	466	537	609	20.0%
80 ～ 89	90	92	97	114	151	5.0%
90歳以上	10	3	9	6	14	0.5%
不明	1	1	0	2	3	0.1%
合計	2,204	2,465	2,713	2,794	3,043	100.0%

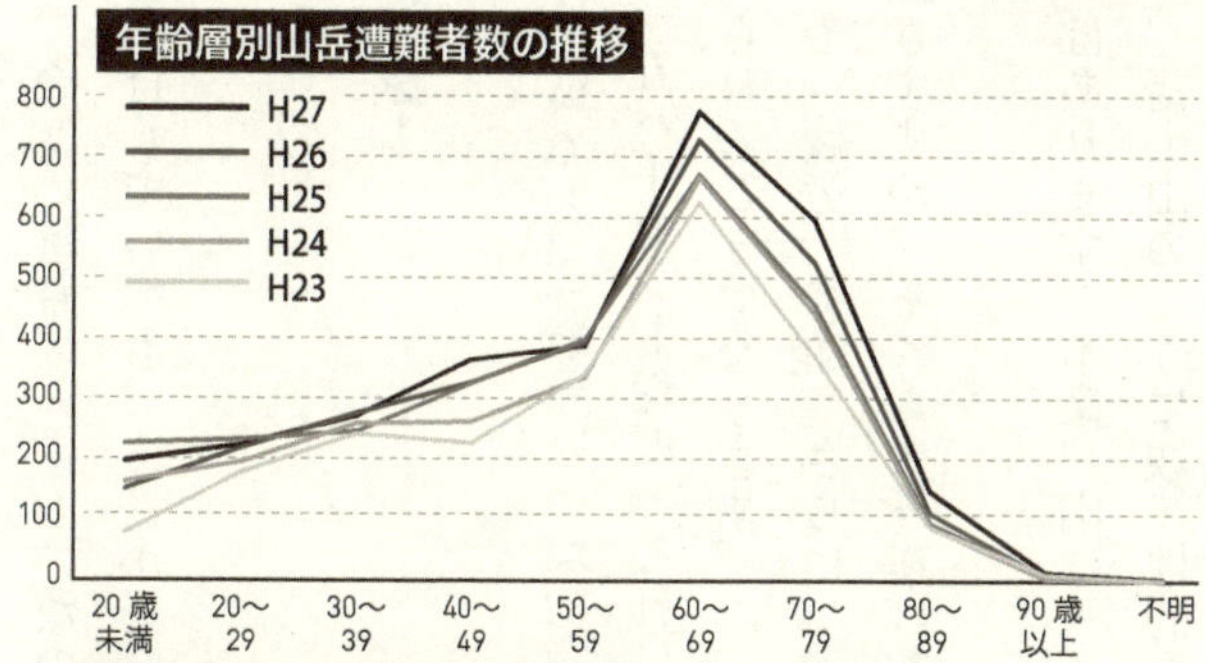

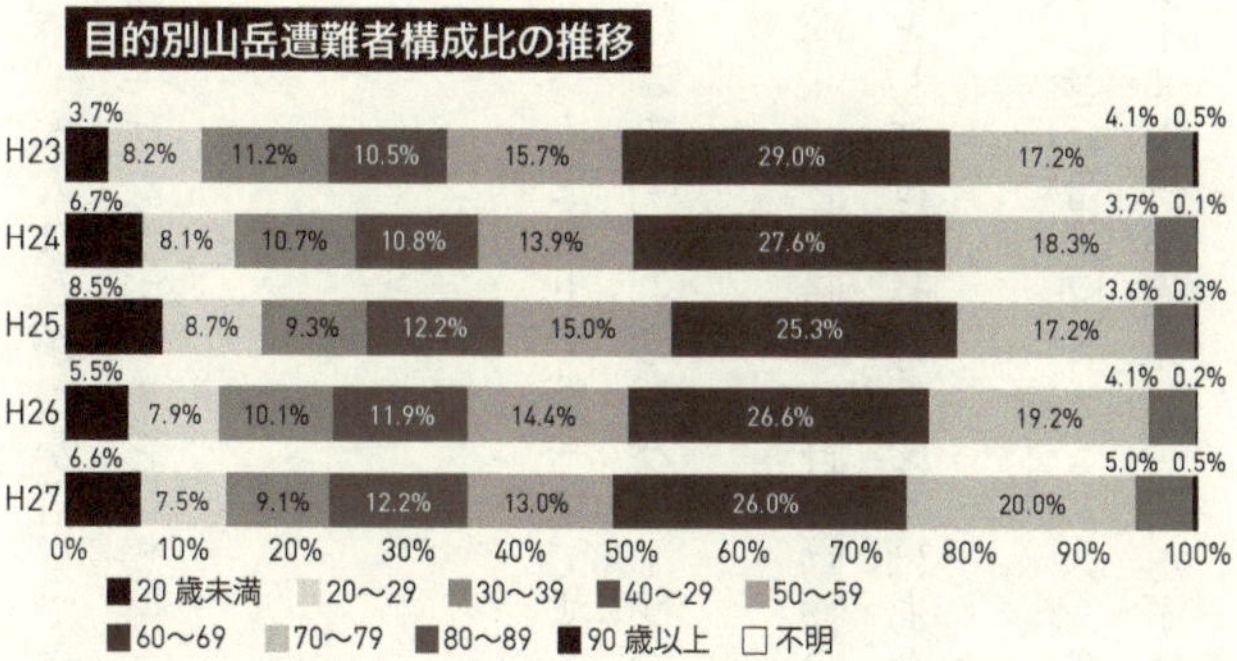

警察庁生活安全局地域課による「平成27年における山岳遭難の概況」より

がくりと落ちるわけではなく、徐々に落ちていくものなので、本人はなかなか自覚できません。体力が落ちたなと自覚はしていても、まさか三分の一になっているとは想像しないものです。

富士山でも「道迷い」に注意！

山岳遭難をケース別に分けていくと、「道迷い」が約四〇パーセントで第一位です。「滑落」、「転倒」がそれぞれ一五パーセント程度でそれに続きます。この三パターンでおよそ七〇パーセントが占められることになります。

その次に来るのが「病気」や「疲労」です。さらに「転落」、「悪天候」、「野生動物の襲撃」、「落石」、「雪崩《なだれ》」と続きますが、それらの遭難は数としてはそれほど多くはありません。

たとえば富士山でも道迷いはあります。本来、山に入るときには地図、コンパス、GPSを持っていくべきですが、富士山のように観光地的なイメージが強いと、持たずに出かける人は少なくありません。しかし富士山でも、濃い霧がかかって「ガスる」と呼ばれる現象が起きたときなどには道に迷い、小屋にもどれなくなったために低体温症になった人もいました。

沢やバックカントリーで遭難が多いワケ

とりわけ、あまり人が入らない山は、踏み跡がなく登山道が隠れていたりするので道に迷いやすくなります。誰かがうろうろして踏みつけた跡を頼りにして歩いているうちに自分も迷ってしまうといったことも起こりがちです。

道迷いは比較的下山時に多く、つい低い方に進みがちです。その結果、登山道から外れた涸《か》れ沢に入って下り続けてしまうこともあります。その先で断崖絶壁にぶつかったり落ちてしまうこともあります。身動きがとれなくなってから携帯電話をかけようとしても沢ではつながらないこともしばしばあります。

本人は普通に登山道を進んでいるつもりでいても、長く整備されずにいたため、道とはいえない状況になっているケースもあります。道がわからなくなりかけたときには、本当にわからなくなるまで進んでいくのではなく、立ち止まって地図・コンパス・GPSで自分の位置を確認したり、引き返したりすることが必要です。事前に警察署などに連絡をして登山道の状況を確認してみると良いでしょう。

最近は、ゲレンデのように整備された区域以外を滑るバックカントリースキーがはやっています。その昔、冬山に入り、自然の山を滑る山スキーは、地図が読める、装備がある、緊急避難ができる、といった登山のエキスパートの楽しみでした。つまりそこは誰もが足を踏み入れることができる場所でありながら、リスクの高いエリアでもあるのです。少し楽しむつもりでコース外に出たものの、いつのまにか自分で思っているのと違う場所に出てしまうことがあります。天候が悪くなってガスると、自分がどこにいるのかまたたく間にわからなくなってしまうのです。

地図の見方や、コンパス、GPSの使い方がわからない人が山に入るのは危険というわけです。

地域によって変わる、山岳遭難の傾向

山岳での三大死因は、「外傷」「心臓突然死」「寒冷障害（低体温症・雪崩埋没）」です。外傷には滑落、転倒が多く、落石などもあります。

ヨーロッパのデータによると中高年の心臓突然死は、ほぼすべて心筋梗塞によるものです。心筋梗塞による心停止は、その約半数が一分以内に起きます。山で心筋梗塞を起こしてしまえば、助かるのが非常に厳しくなります。中高年の人は登山前に心臓の検査をしておくことが必要です。

年間二週間以上、山登りをしている人は、山で心筋梗塞を起こしにくいという報告もあります。できれば毎月二回以上の登山がおすすめです。

寒冷障害には低体温症のほか、雪崩による埋没なども含まれます。低体温症は、山では季節を問わずになりやすく危険なものなので、予防策や応急処置はよく学んでおいてほしいところです。本書でも解説していきます。

都道府県別に見れば、遭難件数が多いのは、一位・長野県、二位・北海道、三位・富山県、となります（二〇一六年、警察庁生活安全局地域課発表）。

地域によって遭難の傾向も異なります。長野県では滑落や転落による外傷死が多く、富山県では雪崩による寒冷障害が増えます。北アルプスには岩稜帯（岩の尾根）が多く、富山県は山スキーのメッカという特性がこうした傾向に反映されています。北海道は平均的にどの遭難も目立ちます。大雪山《だいせつざん》系のトムラウシ山では、夏に九人の登山者が低体温症で死亡する遭難がありました（二〇〇九年七月）。トムラウシ山の標高は二一四一メートルで、夏でも気温が零度くらいになることがあります。夏の低体温症のおそろしさをあらためて実感する大変な遭難でした。

北海道の山に限らず、夏に危険なのは雨や沢登りで体が濡れたときです。水と空気を比べれば、水のほうが熱の伝導率が二十四倍程度高くなります。そのため、気温一〇度に三十分耐えられても、水温一〇度で三十分耐えるのは厳しくなります。体が濡れているところに風が吹けば、体温は一気に奪われてしまいます。

表3　都道府県別山岳遭難発生状況

（平成 27 年中）

都道府県	発生件数（件）	遭難者総数（人）				
			死者	行方不明者	負傷者	無事救出
北海道	175	235	12	3	50	170
青森県	66	76	6	3	19	48
岩手県	47	50	5	1	25	19
宮城県	17	18	1		7	10
秋田県	67	80	9	4	22	45
山形県	79	82	8	2	38	34
福島県	82	95	8	1	41	45
東京都	135	155	5	1	68	81
茨城県	22	32	2		11	19
栃木県	62	70	6		40	24
群馬県	120	142	11	1	83	47
埼玉県	62	89	7		26	56
千葉県	9	20				20
神奈川県	93	111	9		42	60
新潟県	123	147	21	2	75	49
山梨県	107	124	25	1	58	40
長野県	273	300	58	4	132	106
静岡県	114	129	8	3	48	70
富山県	136	156	13	2	84	57
石川県	24	24	4		8	12
福井県	23	55	5		10	40
岐阜県	93	117	13	3	41	60
愛知県	8	10			3	7
三重県	61	80	8	2	21	49
滋賀県	60	79	9	1	29	40
京都府	22	30	4	1	7	18
大阪府	10	14			5	9
兵庫県	92	111	10		39	62
奈良県	48	62	12	1	14	35
和歌山県	7	10	3		1	6
鳥取県	27	34	1		17	16
島根県	7	8	2		1	5
岡山県	6	11	1			10
広島県	19	22	2		8	12
山口県	5	5			1	4
徳島県	14	16	1		4	11
香川県	5	6		1		5
愛媛県	25	26	2		9	15
高知県	4	5	1			4
福岡県	28	34			7	27
佐賀県	9	12			3	9
長崎県	10	11			5	6
熊本県	19	37	2		10	25
大分県	51	68	2		18	48
宮崎県	10	11			4	7
鹿児島県	32	34	2		17	15
沖縄県	0					
合計	2,508	3,043	298	37	1,151	1,557

警察庁生活安全局地域課による
「平成 27 年中における山岳遭難の概況」より

北海道では九月の中頃でも雪が降ることがあります。そのような気象をよく知らない人は、防寒着を持たずに出かけてしまいがちです。気軽に出かけた紅葉見物が遭難に結びつく場合もあるのです。

北海道で低体温症で亡くなる人のほとんどは関東以南から来ている登山者で、北海道在住者はあまりいません。このような現実からも、その土地の気候などを理解していることがいかに重要であるかがうかがえます。

遭難が起きたときには「あまく見ていたのが原因だ」と言われたりしますが、「知らないから想像できない」というのが実情に近いのではないでしょうか。

中高年の遭難、グループの遭難

登山者をタイプ別に分けて考えると、女性には脱水症状絡みの遭難が多いのに対し、中高年の男性にはとにかくさまざまなパターンがみられます。

中高年の男性の場合は、心臓発作や疲労などからくる遭難とともに道迷いも少なくありません。とくに一人で行動するのを好む登山者が道に迷うと、なかなか見つけられず、そのまま行方不明になることがあります。

ではグループの場合は安心なのかといえば、そうではありません。一〇人でグループを組んでいたとしても、リーダー格の一人が先頭に立って歩くと、残りの九人は主体性なくそれについて行くだけになります。そうなると、途中で道に迷っても気づかず、沢など間違った道に突き進んでしまいます。

一番体力がない人はあまり弱音をはかず、自分を騙し騙し、なんとかついて行こうとするものです。それで途中で力尽きると、低体温症などで本当に動けなくなってしまいます。グループのメンバーも途中からその人のペースに合わせるため、時間的にも距離的にも先に進むことも引き返すことも出来ず、中途半端な場所で立ち往生してしまいます。その結果、立ち往生している間にほかの人も低体温症になってしまうのです。グループの中にひとり調子の悪い人が出た場合は、その人の危機ではなく、グループ全体の危機と認識すべきです。先に進むのではなく、全員が元気に下山するプランにすみやかに変更しましょう。この判断の遅れが、グループ遭難の原因です。

トイレの我慢が招く恐ろしいトラブル

女性の脱水によって起きるさまざまなトラブルは、トイレの回数を減らそうとし、あまり水を飲まないことによって起きます。

私も女性なのでよくわかるのですが、野外でトイレは恥ずかしく、誰でも気後れするものです。トイレを見つけ、引率者が用をたすように促しても「私は大丈夫」と女性は必ず言いますが、強制的にでも行かせてください。そうすれば、安心して水を飲めます。するど脱水を避けられます。脱水すると、疲労を促進し、熱中症を引き起こしやすくなり、心筋梗塞や脳梗塞までも起こしやすくなります。

女性の「山での大丈夫」は簡単に信じないようにしてください。

熱中症で倒れていても、道に迷って明らかに遭難していても、「大丈夫」と言ってしまう人は本当に多いのです。「水はちゃんと飲んでいますか？」と確認したときに「大丈夫」と答える女性も多いのですが、聞いてみると朝から五〇〇ミリリットルしか飲んでいなかったなどということもしばしばです。

ふだん三時間に一度、トイレに行くとすれば、山の中でも同じようなペースでトイレに行きたくなるのが正常です。それをしないのは水分が足りていないことを意味します。体の老廃物は一定時間ごとに出てくるものなので、それを体の外に排出するためにはおしっこをする必要があります。おしっこをしないで老廃物を溜めて脱水状態になると、腎不全《じんふぜん》を起こす場合があり、人工透析をして老廃物を出さなければならなくなったり、ひどくなると死に至ります。

富士山では、山小屋などのトイレは有料になり、売られているミネラルウォーターも値段が高くなります。山の事情を考えれば仕方がないことですが、そのためにトイレを我慢して水を節約する人も出てきます。

以前、テレビの取材の手伝いに来ていたアルバイトの女子大生が「トイレに行きたい」と繰り返していたので、「あそこにあるよ」と教えると、「二百円がもったいないから」と言っていました。お金を惜しんだために透析を受けるような事態になれば大変です！

お金をかける人、かけない人

最近は、若者のなかにファッションから山に入る人が目立ってきました。マンガや映画などの影響もあるのかもしれません。それに関しては否定するつもりはなく、いいことだなと私は思っています。いまの登山ウェアは機能性にすぐれたものが多いので、専門店で説明を聞きながら山のことを学んでいくのはプラスになるからです。スタイリッシュで個性的、見ているだけでも私まで楽しくなります。けれども買ったもののすべてを身につけて、ふもとから登頂まで同じ格好で登り続けるのはNGです。登っているときは汗をかくので薄着に、休憩の時は体が冷えないように一枚すぐはおるなど、せっかくいいものを持っているので機能に合わせて着こなしましょう。ちなみに、しっかりメークをしても汗ばんで一合目ですっかり崩れるのでカップルの方はご注意ください。

一方、できるだけお金をかけないようにする人もいます。

完全な節約派は、必要な装備を揃えようとしないばかりか、ツアーに参加する際にも料金だけを比較して決めがちです。ツアーによってリスクマネジメントの部分もまったく違ってくるので、安上がりにすることだけを考えてしまうのは危険です。

雨が降ってきた場合に備えるのはいいにしても、百円ショップで買ったようなビニールのポンチョしか持たない人もいます。わりに富士山に多いのですが、装備を軽く考えすぎだなあとハラハラします。山の中で雨風をしのぐのはとても重要です。

観光地化している山の危険

外国人のなかにはスカートにハイヒール、あるいは短パンなどで富士山に登ろうとする人もいます。

富士山や東京の高尾山など、登山が観光化したイメージの強いところでは、安全に訴えるのもなかなか難しい面があります。ポンチョ、酸素、水や食べ物などなんでも売っていますし、富士山は五合目までバスが出ていてアクセスも容易です。

しかし、山登りに一〇〇パーセントの安全はありません。富士山でも死者が出る事故はあります。また、高山病や脱水症になる人は、シーズン中には毎日のように出ています。

富士山では七月の山開きから二か月ほどがシーズンとなり、一般の登山者はその期間に集中します。ツアーの人数が多くなると、健康管理までは行き届かず、アクシデントに至ることもあります。

高山病や脱水症だけではなく、転倒によるケガも、皆さんが想像するよりずっと多いものです。たとえば富士山は火山なので、火山礫《かざんれき》が堆積していて足場が滑りやすくなっています。下山時はすでに筋肉が疲れているため、歩くだけでも足に負担がかかります。富士山に限らず、下山時の捻挫《ねんざ》には注意が必要です。若い人でも捻挫をして歩けなくなるケースはよくあります。

観光地化されている場所といえども、行くのは山なので、自分の安全は自分で守るつもりでいてください。

富士山の診療所の一日

夏山診療所は富士山と北アルプスにあるほか、南アルプスと白山《はくさん》に一か所ずつあるだけで、診療所のない山のほうが大半です。私は富士山や北アルプスの剱岳《つるぎだけ》の診療所に駐在することもあります。

富士山の診療所は、山梨県側では五合目、七合目、八合目にあり、静岡県側では八合目にあります。私はこれまで、八合目の山梨県側（八合目救護所）に三回、静岡県側（富士山衛生センター）に一回、行ってます。

どちらの診療所も開いているのは、七月下旬から八月下旬までの四十日間ほどになります。他の診療所もおよそそれに近いので、診療所が利用できるのは夏だけです。

一日にだいたい二〇人くらい具合が悪くなった登山者が訪ねてきます。天気のいい週末などにはさらに増えます。

その人たちの大半は、高山病か脱水症、その次に低体温症です。

高山病は酸素が少ないからなるのではなく、低酸素に慣れていないことから起きます。ハアハア登っているときは呼吸の回数が増えるので酸素をたくさん取り込むことが出来ます。小屋について休憩したり、夜寝てしまうと呼吸がゆっくりになったり、浅くなります。高山病は、動いている時より小屋に着いてからのほうが起こりやすくなります。山小屋に到着し、夜の六時頃に就寝します。いったん眠ったあとに具合が悪くなり、夜の九時や十時に診療所に来る人が出てきます。これは就寝中に呼吸が浅くなったからです。

五合目から登ってくる弾丸登山系の人は、夜明け前の二時頃に八合目を通過しますが具合が悪いと診療所に来ます。その場合には下山を勧めることもあります。

ご来光の時間の午前四時や五時頃が診療所としてはわずかに落ち着きやすい時間帯です。その後はまた、山頂から下りてくる人たちが訪ねてくるようになり、お昼過ぎや午後の二時頃からは下から登ってきた人たちがやって来ます。登山者がいなくなるほど天候が悪くならない限り、まとめて眠れるような時間は取れないのが実情です。

富士山は標高と登る時間によって、一日の中でも大きな気温差があります。日中の登りだしは汗をかくので薄着でもいいのですが、ご来光の頃には寒いので帽子と防寒具が必要です。

富山県の室堂《むろどう》では「湿布をください」とおっしゃる中年女性がいました。「どうしたんですか？」と聞くと、「足首を捻挫しただけだから、湿布をいただければ大丈夫です」と返されました。私が見てきた海外の山には、薬屋さんも診療所もありません。登山は自立したスポーツで、自分の足で登って、自分の足で下りてくるものです。診療所をあてにせず、そういうトラブルが起きることも想定したうえで応急処置などの準備を自分でして山に登るべきだと私は思います。

診療所では湿布を渡すだけではなく、患部を見てテーピングで固定するなどといった処置をします。するとその方は、ごそごそとカバンを探りだします。何をしようとしているかはすぐに察しがつきます。「これ、取っておいて」とお金を出されます。「ここではお金をいただかないことに決まっているんです」とお断りしました。その方の後ろめたさや心苦しさは私にも伝わってきました。

家族に迷惑かけたくないという心理のトラップ

富士山で下山搬送を余儀なくされたケースでは、物資搬送用ブルドーザーで五合目まで下ろしてもらい、そこから救急車に引き継ぐ流れになります。

八十代の男性を診察し、ブルドーザーで下山してもらったことがあります。もともと「富士登山は無理だ」と家族に反対されていながら、それを押し切って来たとのことでした。下山途中に転んで足をケガして歩けなくなっていました。にもかかわらず、「家族にタンカを切って来たので、こんなことになったと知られるわけにはいかないから連絡しないでほしい」とおっしゃいます。

携帯電話を持っていながら、自分で連絡しようとしません。「こちらで連絡させてもらいますから番号を教えてください」と言っても、「ダメだ、ダメだ」の一点張りです。それではどうしたって帰ることはできません。五合目まではブルドーザーで下りて、そこからは救急車になるので、家族に連絡をしないわけにはいかないからです。そういう説明を続けたことで最後にはあきらめて自宅の連絡先を教えてくれました。

　その高齢男性は、ブルドーザーが停まっているところまでの五〇メートルも歩けない状態だったので、そこまでは学生に背負ってもらいました。そんな状態でありながら家族への連絡を拒もうとしていたのです。

　ブルドーザーは救助用の車両ではないので、利用する場合にはその費用は自己負担になります。お金を払えば、誰でもブルドーザーに乗れるわけではありません。それを許してしまうと、疲れたからといってブルドーザーを利用しようとする人が現れかねないからです。そんな勘違いをふせぐためにも、五合目で救急車に引き継ぐほどの必要がある人に限っています。

　ブルドーザーを利用したわけではありませんが、七合目あたりでほとんど力尽きたようになっていた八十代の女性もいました。それほどの坂ではないにもかかわらず、両手をつきながらでないと先へと登れなくなっていたのです。

　その女性は、手に持っていたお弁当箱が入っているような包みを前方に投げて、両手をつきながら這うようにして登っていました。その包みを拾ったらまた投げてそこまで登る。そんなやり方を繰り返していたのです。

「大丈夫ですか？」と聞くと、「うん、大丈夫、大丈夫」と答えます。ブルドーザーに乗った男性もこの女性も、まったく大丈夫じゃないのに大丈夫と言ってしまう点では同じです。

その大丈夫は信用できないので話を聞いてみると、これから山頂まで登って下りてきて、何時間後かのバスに乗ることが決まっているというのです。家族に対して「いつまでに帰る」と約束してきたので、どうしてもそのバスに乗りたいということでした。本人は「間に合うかな？」と心配していましたが、そのペースでは予定していた時間のバスに乗るのは不可能です。「絶対に無理です」と、言い切りました。

ところで下山に関してもう少し書き加えると、富士山でも、山頂から一気に五合目まで下山するのはかなりハードな行程です。下山を小刻みにして途中で一泊しようと考える人はあまりいないのが実情ですが、できる限りそうすることが望まれます。余裕のない出発時間のバスに乗ることを前提にするべきではないし、無理にでもそれに間に合わそうとすれば、事故につながります。

中高年の人に限ったことではありません。ふだんからランニングやウォーキングをしているので大丈夫だと考えているとしても、それだけでは登山用のトレーニングとしては不十分です。下山時に使う足の筋肉はまた違ってくるので、下山を想定したトレーニングを行なう必要があるのです。

子供と富士山を登るには

富士山では、親子連れで山頂を目指す姿をよく見ます。子供に富士山登頂を経験させたい、思い出づくりをしたいという親心もあるのでしょう。当然ですがここでも十分な準備と注意が必要です。

小学校高学年ならば登頂は可能です。それでも、七合目、八合目あたりで具合が悪くなるケースもかなり目立つのが実際のところです。

関西方面から富士山に登りに来た親子がいました。朝の三時に家を出て、五合目までバスで来たそうです。寝不足の上、揺れるバスで車酔いをして、吐いてしまいました。食欲もなく、さらに調子が悪いことを親に言えないまま山登りを始め、どんどん具合が悪くなって診療所に来ました。この男の子の場合は、高山病と脱水症になっていたのに加えて、食べていないので体温を上げるエネルギーが不足し、雨に濡れたため、軽い低体温症にもなっていました。これらの症状が併発することはまったく珍しくはありません。

また別のケースで、お昼頃にバスで五合目に着き、軽い昼食をとってから登山を始め、七合目あたりから具合が悪くなったという小学生の男の子と父親が診療所に来たこともありました。その子はあまりしゃべりたがりませんでした。「どこの具合が悪いの？」と聞いてもなかなか答えが返ってきませんでした。「頭が痛いの？」と聞くと、ようやくそっと「うん」とうなずきました。それを聞いた父親はびっくりした顔になり、「お前、そんなこと言ってなかったじゃないか！」と怒ったような口調になりました。その反応にはこちらも驚かされたほどです。親としては、はじめてそんなことを聞いて心配と無念の気持ちが入り混じり動転したのでしょう。このようなケースで、別のお母さんは「ママが気づいてあげられずにごめんね」と子供に謝っていました。山で子供の具合が悪くなったときの親の反応はさまざまです。

子供と富士山を登るなら、事前に少し低めの山に登って様子を見てみることを勧めています。富士山の五合目の標高はおよそ二四〇〇メートルです。すでに高山病になってもおかしくない標高です。そんな高さまで一気にバスで来て、そこからすぐに登山を始めれば、体はなかなか順応できません。

親が慌てると、子供もさらに不安になります。子供はすっかり自信を失い、再び山に登ろうという気持ちをなくしてしまうかもしれません。

子供には「次はもうちょっとゆっくり歩こうね」「お水を飲みながら歩いてね」というように話します。親には、再び問題を起こさないためにはどうすればいいかということを伝えるようにしています。

登山を生涯スポーツにするために

登山中には、ビギナーの人が想像もしていないようなトラブルがいろいろあります。

ベテランと言われている人でも遭難を起こしています。一回ヒマラヤに行ったとか、少々登山歴が長かったりすると、ベテランという言葉を用いたくなりますが、その間にどんなスキルを獲得したかということが重要です。また、たとえ豊富な経験があったとしても、年齢を重ねると体力は落ちます。それを自覚しないで無理をするベテラン登山者は、ビギナーより危ない面があるともいえます。体力は時間をかけて落ちていくので自覚しにくいもの。体力測定をして客観的に数値化すると、過信せずにすみます。

また、たとえば北海道の山では、飲み物や食べ物を買える場所はまずありません。そのため、自分でかなりの量の水を持っていくか、沢の水はどこで汲めるかといったことを事前に調べておく必要があります。

北アルプスならば岩場が多いのでバランス能力が必要です。年をとると必ずその能力が落ちてきて、場合によっては滑落して命を落とすこともあります。それでも行きたい場合は、ガイドさんにお願いしてロープで確保してもらえばよいのです。

このようにそれぞれの山に適応した工夫が必要であり、同時に去年ではなく、「今」の自分の技術と体力を正しく把握することが大事です。一日で登るところを二日かけてゆっくり行くなどの、今の自分に適応したプランを立てれば楽しく登山できます。山が危ないのではなく、人が危ないのです。自分にあった工夫を施せば、登山は人生を豊かにしてくれる生涯スポーツになります。

救助のヘリコプターは有料か？

いざというときの生死を左右する「救助要請」についても、実際にあった例を紹介しながらまとめておきたいと思います。

富士山の山頂付近ではヘリコプターは使えませんが、他の山ではケガをした登山者や緊急の病人をヘリコプターで運ぶケースも出てきます。「その場合の費用はどうなるのか？」と気になる人は多いようです。その迷いがトラブルに発展することもあります。

基本的に山では公的機関による救助や診療を受けた場合は無料で、民間の捜索隊などが出動したときにはその費用が発生します。北アルプスなどには民間の遭難対策協議会もありますが、日本の大きな山の救助隊はおよそ警察に組織されています。

救助用のヘリコプターが出動しても、公的機関のものなので、費用を求められることはありません。そういう事実を理解していないために、「お金がないから救助は呼べない」と考える人もいれば、「お金は払うから山から下ろしてほしい」という人もいます。どちらにしても問題となる部分は大きいといえます。前者であれば、そういう考えで救助を呼ばずに手遅れになる場合もあります。その一方、後者のような考えで安易に救援を求めるようになると迷惑になる場合もあります。

救助要請したこと自体に問題があったわけではありませんが、脱水症状から足がつってしまったために救助を求めた中高年女性グループがありました。

その時点で本人たちは、それほどたいしたことではないと考えていたようです。しかし、ヘリコプターが来たので驚いて、「あんなのに乗ったら、いくら取られるかわからない」とばかりに同伴者が肩を貸して逃げ出してしまったのです。

もともと足がつって動けなくなったため救助要請をしていたのですから、逃げるといっても、動ける範囲は知れてます。それでも、その女性たちはずいぶん頑張って隠れていたので、見つけるのに時間がかかってしまいました。そのあいだに低体温症になってしまったという特殊なケースです。

また、別の中高年の姉妹は、妹が疲労で歩けなくなったので、姉が肩を貸して、火山礫の登山道を自力で歩くうちに夕暮れになってしまいました。ライトもなく周囲も見えなくなり、道に迷って救助要請をしました。

笑い話のようではあっても、現実は深刻です。日が暮れてしまえばヘリコプターも飛べなくなります。日没を過ぎるとヘリコプターは飛べないので、救助隊が歩いて探し、深夜に姉妹を発見したところ、低体温症になっていました。そのためテントを張って朝までおばさんたちを温めておき、朝になってあらためてヘリコプターで運ぶということになったのです。本人たちにとっても救助隊にとっても大変な騒動でした。この件にしても、救助ヘリコプターが有料か無料かを知らなかったばかりに起きてしまったわけです。

私が救助隊員から聞いた話では、外国人が遭難して救助のヘリコプターが来たときに、本人が「ノーマネー！　ノーマネー！」と連呼して、ヘリコプターになかなか乗りたがらなかったケースもあったそうです。実際にはお金は取られないのに、ヘリコプターに乗ればどれだけお金がかかるかわからないと思い込んでいたため、そんな反応になったのです。

費用の問題ではありませんが、足を骨折していただけなのに「オレは死にたくない！」と英語で泣き叫んでいた外国人の遭難者を見たことがあります。大げさといえば大げさですが、言葉もうまく伝わらない国でケガをしたり病気になったりすれば、それくらい不安になるのはわかります。外国での登山を考えている人などは他人事ではないと思っておいたほうがいいかもしれません。

生死を分けるポイント

本人にとっては「慣れている」という自負のある山で道迷いをして、救助を呼ばずに家族に電話をしていたケースもありました。

その山には何十回も登っていたそうですが、二月の雪山で道もないようなところに入っていきながら、地図もＧＰＳも持ってはいませんでした。それでも家族には「ちょっと道を間違えたけど、よく知っている場所だから大丈夫」と話していたというのです。道を間違うもなにも、道なんてないところに入っていたにもかかわらずです。家族に心配させないようにした部分もあったろうと思います。

その後にもう一度、家族に電話して「また道を間違ったけど、心配はいらない」と話していたそうです。それからしばらくすると、連絡が取れなくなってしまったので、家族のほうで救助要請をすることにしたのです。次の日、救助隊がその人を見つけましたが、本人が家族に話していた場所とはまったく違うところにいました。いくら慣れた山であっても装備を持たず登るのは論外です。この人は低体温症で、危険な状態になっていました。

気軽に救援を呼ぶ人もいますが、場合によっては、思いきって救援を呼ぶ決断をするのも大切です。

救助要請をためらう気持ちはわかります。それほど大ごとではないと考えたいだけではなく、「お金がかかるのではないか?」「ニュースに名前が出るのではないか？」と心配する人が多いのです。しかし、民間ではない救助隊などが出動する分にはお金を取られることはないわけです。最初に救助要請をした段階で救助隊より先に山小屋の人などが駆けつけることができるケースはあります。その場合も、驚くような金額を取られることはありません。

報道に名前が出ることやお金や世間体などは気にしないで、危ないと思ったときには早めに決断すべきです。

ヘリコプターは日が暮れてしまえば飛べなくなりますが、救助要請をしたからといって、すぐに見つけてもらえるわけではありません。とくに道迷いをしてどこにいるかわからないときは、救助隊も簡単には探し当てられないということを覚えておいてください。助けてもらいたいならば、体裁よりも見つけてもらう努力をお忘れなく。

致死率五〇パーセントからの生還

夏の北海道で山に入っていた四人が遭難したケースがあります。

そのうちの一人が明らかにフラフラになっていることに他のメンバーたちが気づいて

いながら、帰りの飛行機の時間を気にして、「頑張って早く下りるぞ」とせき立てていたそうです。

このときには、そのうちの二人が、弱っている仲間のザックを持って先に下りていきました。親切心と焦りの双方があっての行為だったのでしょう。しかし、調子が悪くなった本人はそのペースについてはいけませんでした。

それで結果的に、残された人の手元には水も食料もなくなってしまったのです。さらに悪いことには、その後に雨が降ってきました。カッパも、仲間が持って下りてしまったザックの中に入っていました。

先に下りた二人は山小屋に着いたとき、小屋の人に他の二人のために救助を呼びましょうかと聞かれても、「それほど重症ではないので、そこまでの必要はありません」と返事をしたそうです。それでもなかなか下りてこなかったので山小屋の人が救助を要請して、次の日の朝一番に救助隊が出動しました。このときには運良く見つけられました。雪が残る雪渓の上で倒れていたそうです。

本人に聞いてみると、仲間たちと歩いていた頃から熱中症でフラフラになっていて、意識朦朧《もうろう》としていたと言います。そうであれば、山の中に取り残された段階で致死率は五〇パーセントくらいの状態になっていたといえます。雪渓の上で倒れたのが幸いして体が冷やされたのでなんとか助かったと考えられます。

喉が渇いていなくても危険！

前述の雪渓の上で倒れていた人は、朝、目が覚めてはじめて喉の渇きを感じ、水たまりの水を飲んだといいます。熱中症は脱水症状を伴うのですが、本人は丸一日脱水症状に気づいていませんでした。

喉の渇きは、遅れてきます。脱水状態が進行すれば、取り返しのつかない事態につながります。この人は、腎不全に陥っており病院で緊急透析を受けました。もう少し発見が遅れていたなら亡くなっていた可能性も高かったと思います。

そういうことにならないためにも、喉の渇きを自覚しているかどうかとは関係なく、一定時間ごとに水を飲む必要があるのです。

脱水のような一見重症でないように思える不調も、山で行動するうちに一気に悪化することもあります。また調子が悪くなってもすぐに病院に行けるわけではありません。「まさかそこまで悪くはないだろう」と楽観視するのではなく、最悪の事態を考えて判断するべきなのです。

救助要請の決断で助かる命

大学生の四人グループが遭難して、午後二時過ぎに救助要請をしたケースもありました。本人たちは救助を求めたことを悔やんでいましたが、この早い決断は賢明だったといえます。

多くの人は救助を呼ぶかどうかで悩んだときにも、日が暮れかけて、もうどうにもならないという段階になるまで決断ができないものです。そうすると救助も後手後手に回ってしまいます。

夕方六時に救助隊が登山口に到着し、山を登り始めることができたので、夜中の十二時頃に彼らを発見したのです。低体温症になっている彼らを温めたり、食べ物をとらせたりして、夜が明けたあとにヘリコプターでピックアップしました。

このとき、最初に低体温症になった学生は、救助を呼ばずに自分たちでなんとかするべきだったんじゃないかと、なかば後悔していました。

それで私は、救助を呼んだのは反省すべき点ではなく、むしろホメられることだと話しました。反省しなくてはいけないのは、装備なども含めて準備不足だったことのほうだと理解してほしかったからです。

彼らはワンダーフォーゲル部に属していて、登山に限らずいろいろな活動をしていたようです。それぞれの活動ごとに参加者をつのるかたちになるので、山のスペシャリストとはいえず、チームとしてもまとまっているわけではなかったのです。このときは高学年の学生が多くてトレーニング量が減っているなど、良くない条件が重なっていました。それでも、そのなかのリーダーがメンバーの一人の様子がおかしいのに気がつき、危機感をもったことから救助の要請を決めたわけです。そこでリーダーが客観的にメンバーの様子を判断できたからよかったといえます。

グループでの遭難のほとんどは、その判断の遅れから起きるということは先にも書いたとおりです。具合が悪くなったメンバーを残してきながら救助を呼ぼうとしなかった先の例なども その類型です。

救助を呼んだグループのリーダーは「もっと早く気づけばよかった」とも言っていました。私は「ちゃんと食べてた？」と尋ねると、「ハイ」。「必要なカロリーをちゃんと摂れるだけ食べてたと思う？」とさらに聞いてみると、「そう言われると、食べてなかったかもしれません」と自信をなくしていました。このグループのように、即席でつくられたグループの場合は、メンバー一人ひとりの力量や性格がわからないので、とくに判断が難しくなります。

命を助ける側のリスク

大学生グループのリーダーに対しては、「あなたたち四人を助けるために何人の隊員が動いていたかを知っている？」とも聞いてみました。

「四人いました」というので、「他にも七人いたんだよ」と伝えました。他にいた七人とは、捜索と救助のために夜中に山に入っていた隊員のことです。

彼らが遭難したのは尾根からちょっと下ったところで、夜の山には救助隊の一一人が入っていました。下から登って尾根まで達し、彼らを見つけた先行隊の四人は、そこから下りていって彼らと接触したのです。しかし翌朝、天候によってはヘリコプターでピックアップできない場合もあるので、それに備えて尾根の上にも七人を待機させておく体制が取られていたのです。

救助隊の人はそんな説明まではしませんが、そうして万全を期しています。私としては、救助された学生たちにはそのことも知っていて欲しいと思っています。救助隊にしても、大きなリスクを負っています。

一般的には要救助者の生存ばかりが注目されますが、救助隊のリスクにも目を向けて欲しいと私は思います。

常日頃から救助隊の人たちと接する機会があるので、彼らがいかに全力で救助に向き合っているかを私は目の当たりにしています。

自分たちではどうにもならないような状況に陥ったときには迷わず救助を要請すべきです。しかし、登山者たちは、誰に命じられたわけではなく、自分の意思で山に登っているはずです。であるなら本来は、自分の安全は自分で守らなければなりません。

人を救う救助隊員が死んではいけません。

第2章

山の中で自分を守るために——登山者が知っておくべき基礎知識

山岳での三大死因と登山届

繰り返しになりますが、山岳での三大死因は、「外傷」「心臓突然死」「寒冷障害（低体温症・雪崩埋没）」です。

どのような状況からそうした危険が生まれ、いざ危険に直面したときにはどうすればいいかを知っておくことによってリスクは減らせます。

死につながるほどの外傷の多くは、滑落や転落によるものです。「滑落」とは斜面などを滑り落ちていくことです。凍った場所などであれば何百メートルも滑り落ちる場合があります。「転落」とは転がり落ちること。高度に差があるところを一気に落ちてしまう場合も転落と呼ばれます。トレーニングによって体力とスキルをアップさせれば危険を避けられるケースも出てきますが、それより問われるのは行動面です。

たとえば雪崩《なだれ》などは天災のようなもので防ぎようがないと思われる人も多いのではないでしょうか？　しかし実際には、そうとも言い切れない部分があります。雪崩による事故では「行動学や気象学が問われる」という言い方がされます。要するに自分で危ないかどうかを判断して、危険だと考えられる斜面などには近寄らないようにする姿勢が求められるということです。

ヒマラヤで雪崩にあったクライマーに話を聞いたときには「自分が雪崩を予期できなかったのが悔しい」と言っていました。熟練した登山者は、そうした事故の責任は自分にあると考えるので、雪崩などを天災とは考えないものなのです。

滑落や転落に関しても同じような考え方ができます。「危ないところには近寄らない姿勢」が何より求められるということです。

登山届（登山計画書）をしっかりと作成することも大切です。

日本では、谷川岳《たにがわだけ》（群馬県）や冬期の剱岳（富山県）などに登山する場合には登山届の提出が義務付けられていますが、多くの山では提出が任意になっています。それでも、できるだけ登山届は提出すべきだと考えます。理由は三つあります。一つは、事故を未然にふせぐためです。登山届は、名前と住所を書いて提出すればいいと考えている人も多いのですが、本来の登山届はそういうものではありません。どういうルートをどれだけの時間をかけて登っていくかという計画をしっかり立てることにこそ意味があります。その作業の中で何かあったときにはどこで泊まり、どこで水を確保できるかといった部分までを確認していきます。

二つめは、捜索の体制を組み立てるために必要だからです。登山届には、持っている装備や食料、行程が記載されています。救助隊はその書かれている内容から、遭難者の状況や生存の可能性までも予見し、救助体制を組み立てます。

三つめに遭難があったときに死亡者、遭難者の人定がしやすくなるからです。二〇一四年に御嶽山《おんたけさん》が噴火したときには登山届を出している人があまり多くはありませんでした。そのため、登山客や行方不明者の正確な人数がわからず、捜索や人定が難航しました。そのことからも登山届の重要性が見直されるようになったのです。

登山届は、責任を公共機関の側、あるいは登山者の側に押しつけるためのツールにするのではなく、登山者自身がより安全に登山するためのツールにするべきです。そのうえで「それでも何かがあったときにはお願いします」という意味で提出するようにするのが理想です。

出血多量死をふせぐ止血の必要性

「止血」の基本はどなたにでも覚えておいてほしい技術です。

外傷から死にいたる場合、その九割ほどが出血多量によるものだといわれています。適切に止血ができたなら、命を救えます。

私は救助隊の人たちにも止血方法を指導していますが、救助隊の人が大量出血している登山者を止血することは実際にはあまりありません。どうしてかといえば、救助の要請があってから、直後に現地に駆けつけることはできないからです。到着したときにはすでになんとか止血ができているか、出血を止められずに死んでしまっている場合が多くなります。その事実を考えても、止血は登山者本人、あるいはその仲間が行なう必要があります。つまり、出血している登山者を助けるチャンスが委ねられるのは、救助隊よりもその場にいる登山者だということです。できるだけ多くの登山者が止血の基本を学んでおけば、助けられる命を増やせます。

止血の基本は「直接圧迫」です。文字どおり負傷箇所を直接、押さえつけることです。これまでは負傷箇所の近くの動脈を押さえる方法や挙上が良いとも言われていましたが、緊急処置のあり方は見直されています。

動脈の一点を押さえても血液は迂回していくので出血はなかなか止められません。また、腕などを縛っていると痛みで耐えられません。中途半端なタイミングでほどいてしまえば出血はまたひどくなります。効果的な縛り方をするのはなかなか難しいのです。

登山者が仲間の止血をしようと、患部からかなり離れたところをハンカチか何かでゆるく縛っていたのを見たことがあります。「なにしてるの?」と聞いたところ、止血をしているとのことでしたが、残念ながら効果的な方法ではありません。仲間のために何かをしてあげたいという気持ちは皆さんもっていますが、正しい技術を身につけましょう。

命を救うための三つの技術

登山者に一番知っておいて欲しい命を救うための三つの技術があります。それは「止血」「気道確保」「低体温症をふせぐ対策」です。

出血をしているときは、とにかく患部をしっかり押さえるようにしてください。これまでは出血部を心臓より高く持ち上げるように言われてきましたが、最近はその有効性はあまり評価されていません。とにかく患部をしっかり押さえることが大切です。

出血量が多いときには二、三分押さえていても止まることはないので、二十分、三十分単位でしっかり押さえておく必要があります。手を離して血が出なくなるまで押さえるのが基本です。

できるだけ他人の血には直接触らないよう、ガーゼなどを傷口にあてたうえでビニール手袋などをして患部を直接押さえるようにするのが理想です。

傷口がえぐれている時には、ガーゼなどを傷口に詰め込んだうえから押さえつけます。血が出てこないか、自分の目で確認しながらしっかり圧迫してください。ガーゼをあててすぐに包帯を巻いてしまうと、十分な圧迫にならないうえ、止血状態を目で確認できません。

ビニール手袋がないときには、スーパーのレジ袋やジップロック（チャック付きナイロン袋）などを使っても構いません。滅菌した医療用具を持っている人はなかなかいないので、そういうときには自分の持ち物のなかでなるべく清潔なものを使います。大きく傷口が開いているのにガーゼがないようなときにはできるだけ清潔なタオルを詰め込んで、その上から押します。不衛生ではないかと思う人もいるかもしれませんが、菌などによる感染を恐れるよりもまずは止血です。とにかく出血は死に直結するものだからです。

もうひとつ、死に直結するのが気道閉塞《へいそく》です。

意識が朦朧《もうろう》としている人が仰向《あおむ》けに寝ていると、舌根が落ち込んで息ができなくなる場合があります。窒息死をさせないために、横向けに寝かせるようにしてください。すると嘔吐《おうと》による窒息を防ぐのにも役立ちます。

横向きに寝かせた人をおいて、少しその場所を離れなければいけないときは、仰向けにもどらないよう背中にザックをあてがいます。

ケガをすると、体を動かさなくなるうえに出血部分に血流が集まることによって低体温症になりやすくなります。そのため、体を冷やさないように注意をする必要がありま す。体の下にシートを敷いて、地面から体温を奪われないようにすること。ツェルト（登山用簡易テント）で体を覆い雨風から守るようにします。寒がる前に処置を始めましょう。

山では助からない心臓発作

山での心臓突然死は、その約九割を三十四歳以上の男性が占めているというデータがあります。健康診断を受けていない中高年の男性はとくに注意すべきです。なぜ男性に多いのかわかっていませんが、推測するにひとつめは男性の登山者が多いから。ふたつめは、女性ホルモンが動脈硬化の予防に作用するので、男性に比べて十歳ほど心臓病のリスクが遅くなるといわれています。これが登山にも反映されている可能性があります。

次に持病について見てみましょう。

ヨーロッパの報告では、過去に心筋梗塞《しんきんこうそく》を起こしたことがある人は山で心臓突然死を起こしやすくなります。そのほか、狭心症のある人、血圧・血糖値・コレステロール値が高い人に多いことがわかっています。

年間二週間以上登山をしている人に比べると、二週間未満の人は、心臓突然死を起こしやすくなっています。

心臓突然死を起こした人を調べてみると、当日、脱水やカロリー不足、寝不足や体調不良（風邪や下痢など）、心配事などの精神的ストレスがある場合に起きています。

山の心臓発作の救命に関しては、起きたときにどうするかより、起きないようにする予防の一言につきます。その予防には、登山前と、登山しながら行なう二種類があります。

長野県警発表のデータを解析すると心臓発作で救助要請した人は、二〇一四年夏期は二名、二〇一五年夏期は六名。そのうち前者は二名、後者は五名死亡しています。この二年間で夏期の心臓発作で生存救助できた人はたったひとりです。

事前の心臓検診がいかに大切かおわかりいただけると思います。血圧や血糖値、コレステロール値が高い人、タバコを吸う人はとくに注意が必要です。これらの人は動脈硬化が進みやすく、血管が狭くなります。登山の際は体が緊張状態になることと、水分が不足しがちなので血液がドロドロになります。また血圧が上がり、心筋梗塞や脳卒中を起こしやすくなります。登山中の心臓突然死を減らすには、心臓の血管の状態と、それにまつわる前述の危険因子を検査して治療しておくことが前提です。

登山開始から一週間位は体の緊張状態が続き、とくに初日の午前中は強く、血圧や脈拍が高まるので、心臓発作がもっとも起こりやすいといわれています。このため心臓に優しいペースで歩くことがとても重要です。心臓に優しいペースとは、乳酸が溜まらないスピードの脈拍数以下で歩くことです。これは専門的な病院や施設の心肺運動負荷検査でわかります。

乳酸を溜めないためのおよそのメドはあります。歩いていてまったく苦しくない段階を〇点、もっとも苦しい段階を一〇点とするなら、三点から四点くらいの苦しさで歩いていれば乳酸は溜まりません。ふだん平地を歩いている半分くらいのペース、あるいは人と話をしながら歩けるくらいのペースを守るようにします。また、脱水症状になると心臓発作を起こしやすいので、水分は登山前に五〇〇ミリリットルとり、登山中は三十分おきにとりましょう。カロリー不足をふせぐため、登山中はこまめに「行動食」をとりましょう。

三浦雄一郎氏の「半日仕事」

男性は格好悪いように見られるのを嫌がり、自分の体力以上に張り切りがちです。それでは心臓の負担が大きくなるので、とにかくペースを落とすように心がける必要があります。スタート時からゆっくり歩き出しましょう。

二〇一三年に三浦雄一郎さんが八十歳でエベレスト登頂を果たした際、私はチーム・ドクターとして六五〇〇メートル地点まで登り、その挑戦のお手伝いをさせてもらいました。

エベレストの標高は八八四八メートルあり、生きてそこに立つこと自体が難しいほど酸素が薄い、異次元のような過酷な世界です。どうして八十歳でそんなところへの登頂ができたのかといえば、十分にペースを落としていたことが理由のひとつです。チームのあいだでは「年寄りの半日仕事」という呼び方をしていました。通常の半分くらいのペースで登っていくスケジュールを組み、実際にそうしていたのです。

前章では、キリマンジャロ登頂ツアーに参加しようとしていた人に不整脈があったのでやめたほうがいいと勧めたエピソードを紹介しました。多くのツアーでは、五八九五メートルのキリマンジャロを五日ほどで登る日程が組まれています。標高二〇〇〇メートルあたりの村を起点にするものなので、平均でいえば一日に八〇〇メートルほど標高を上げていることになります。

三浦さんの場合、標高二八四〇メートルのルクラという村から少しずつ高度を上げていき、十六日かけて標高五三五〇メートル地点にあるベースキャンプに行きました。単純に割り算すれば一日に一五〇メートルくらいずつしか標高を上げていなかったことになります。ツアー旅行にくらべてもいかに慎重なペースであるかがわかると思います。

一日のスケジュールからいってもまさに半日仕事です。朝の六時頃に起きて七時頃に朝食をとると、八時頃に出発します。それでお昼頃に次の目的地に着くと、昼食をとってから昼寝をします。その後、次の移動をするわけではなく、周囲を三十分から一時間ほど散歩して体を慣らします。それから夕食をとり、午後九時頃に寝るようなスケジュールが基本になっていました。

こうしてベースキャンプに着いたあとにはそこで一か月ほど滞在して、その高度に体を順応させてから山頂へのアタックを開始しています。

通常の登山ではそこまで慎重になる必要はありませんが、それでも一日に五〇〇メートル以上も標高を上げていくスケジュールは、突然酸素が薄くなるので体への負担が大きくなります。山では一気に標高を上げない慎重さが大切です。

三浦さんには三十分おきに水を飲むことも徹底してもらいました。それまで三浦さんはそういう水分の摂り方をしていなかったので最初は戸惑っていました。それでも、それが重要なことだと理解して体がそれを習慣化していきました。いつのまにかこちらが促すよりも先に自分から水を飲むようになっていました。そのことは脱水症を防ぐだけでなく心臓発作を起こさないための予防にもなっていたのです。

迷ったらやるべき心臓マッサージ

登山中に胸の異常を感じたときにはまず落ち着きましょう。胸が締め付けられる、踏み付けられるようだ、胸が重いという症状が数分以上続く場合は心臓発作を疑いましょう。指で指せるような狭い範囲ではなく、漠然とした広さの痛みになります。心臓発作が疑われたなら、安静にします。一度収まったとしても、ひとたび歩き始めると再び発作が起き、心臓の止まる恐れがあります。

山の中で心臓が止まってしまうと、助かる可能性はかなり低くなります。心臓発作が疑われた段階から、安静にし、人を呼び、近くにＡＥＤ（自動体外式除細動器）があるなら持ってきてもらい、ただちに一一〇番に連絡します。

意識を失い、呼吸が止まったら、すぐに心臓マッサージを始めてください。同時にＡＥＤを使用してください。

そこで迷っていると、助かる命も助けられなくなります。

迷ったらやるべきです！　一生に一度あるかないかの緊迫した場面です。心臓が動いている人に心臓マッサージをしても悪い影響は何もありません。躊躇《ちゅうちょ》せず、勇気を持って開始してください。

いかに早く始めるかが生存率を左右

救命率を高めるには、ＡＥＤをかけるよりも、心臓マッサージを少しでも早く始めることです。ＡＥＤを待っていたり、取りに行くために心臓マッサージの開始を遅らせてはいけません。どれだけ早く始めたかが生存率を左右することになるからです。

十分間心臓が止まっている間、八分以上心臓マッサージをしたほうが生存率が高くなるという報告があります。できるだけ早く、できるだけ中断しないことです。

「山小屋から五〇メートルほど離れた山頂付近で仲間が心臓発作を起こし、意識を失いました。あなたならどうしますか？」

この質問をすると、多くの人が「山小屋に運ぶ」と回答します。しかし、それでは時間がかかりすぎです。四人がかりで運べるので時間はかからないと考えるかもしれませんが、一秒でも早くその場で心臓マッサージを始めてください。

心臓マッサージをやめるという選択

「仲間が心肺停止したときに五時間、心臓マッサージを続けていたのですが、途中でやめていてもよかったんでしょうか？」

私が開催している講習会でこうした質問を受けたことがありました。

その場にいあわせた当事者にとっては非常に難しい選択だったことでしょう。しかし、山では自分の安全を確保するのが第一です。

この質問をした人たちは救助隊が来るまでずっと心臓マッサージを続けていながらも、相手の人は助からなかったといいます。

途中で心臓マッサージをやめていたとしても誰かに責められるようなことではありません。心臓マッサージを行なったことで、その人が生きるチャンスをつくったのです。たとえ最後まで心臓マッサージを続けていなかったのだとしても、一定時間、続けていたのであれば、それだけでも立派です。いつまでも心臓マッサージを続けていることで、誰もその場を離れられなくなり体力が消耗すれば、みんなが命を失うことにもつながります。そういう事態だけは絶対に避けなければなりません。

何時間も心臓マッサージを続けていて、命を助けられる可能性があるかは状況次第です。低体温症の場合はとくに見極めが難しくなります。意識がなく心臓が止まっているように見えたり、脈や呼吸が確かめられなくても生存しているケースはあります。過去には五時間以上の心臓マッサージを続けて命が助かり、後遺症もなく社会復帰した例もあります。

ひとついえるのは、ずっと心臓マッサージを続けていながら助けられなかったケースでも、途中で心臓マッサージをやめていたケースでも、どちらにしてもその場にいた人たちは心の傷を残してしまうということです。とくに途中で心臓マッサージをやめて、相手の人が死んでしまったとすればどうでしょうか。本来はそこに責任を感じる必要がなくても、自分を責めながら生きていくことにもなりかねません。

罪のない仲間たちにそんなつらい思いをさせないためにも山の中で死んではいけない。楽しい場所であるはずの山で、周りの人たちに悲しみやつらさを残してしまうべきではないのだと私は思っています。

低体温症とは

低体温症は、脳や心臓などの深部体温が三五度以下に低下した状態を指します。人の体は寒さを内臓や皮膚で感知し、その情報を脳に送り、脳から体温を上げなさいという指令が出ます。そのような機能があるにもかかわらず、熱を作る量と奪われる量のバランスが崩れたことによって低体温症が起きます。これは冬の山に多いと思われがちですが、じつは夏の発生が多く、春や秋にもみられます。冬は防寒対策をしっかりとっています。ところが春は、街では桜が咲いていますが山の上ではまだ冬です。そのため天候を過小評価しがちで、装備が不足します。登山口は雪がありませんが、途中から雪に隠れ道迷いを起こします。雪の上で迷っているうちに低体温症になってしまいます。夏は、悪天候に見舞われるケースや、沢登りなどで体が濡れた後に冷えてしまう。秋は早い冬の訪れで、必要な装備がなされず、低体温症を起こしやすくなります。つまり、年間を通して陥りやすい病気なのです。

天気が悪くなると予想されているときにはコースを変える、短時間でやめる、または登山を中止するなどプランの変更が必要です。仕事の休みなどに合わせてスケジュールを組んでいると、多少、天気が悪くても決行する人は多いのですが、曇り空や雨の中で山に入っても、あまり楽しくはありません。登山は先送りにして、その休日は別の過ごし方をするのも一案です。

夏に汗をかいたり、雨で体が濡れたりすると、低体温症になる危険は高まります。雨が降れば耐水性、透湿性にすぐれたゴアテックス製品などのカッパを着ますが、動けば汗をかきます。汗には蒸気としずくがあります。蒸気は抜けますが、しずくは下着が吸いとってしまいます。そのまま脱がずにいると、体が冷える温床になる危険が高まります。私も雨天の登山は、なかなか厄介に感じています。

震えがきたら、まず食べる！

低体温症に対する四つのキーワードは「食べる」「隔離」「保温」「加温」です。ここでは「しっかり食べること」をご説明しましょう。

さきほど深部体温が三五度以下に低下した状態を低体温症と説明しましたが、深部体温が三七度以下になると人の体は震え始めます。これは、無意識のうちにも筋肉を動かし熱をつくろうとしているからです。

震えにはエネルギーが必要です。エネルギーがなくなると震えることさえできなくなるので、カロリーを摂っておくことです。

低体温症は、兆候が出てから症状が進んでいくのが早いので、早めに対策をとらないとすぐに重症化してしまいます。震えている段階ではまだ意識して行動ができます。しかし症状が進むと判断力も鈍り、なにかやることが億劫《おっくう》になります。体が震えているうちは、まだ体温を上げる余力が残っているときです。震えは危険信号ですが、自力回復できるサインでもあります。この間に、とにかくどんどん食べるようにしてください。

私も朝にしっかり食べても、お昼からとても寒くなったことがありました。朝食のエネルギーが昼にはすっかり消費されてしまったという証拠です。まだ震えていませんでしたが、急いで食べました。登山中は震えというサインを待たず、休憩のたびにエネルギーを補給していくのが予防のポイントです。

エネルギー補給にもっとも適しているのは炭水化物です。長い遠征であれば、ビタミンを補給するなどといったバランスを考えるのも大切ですが、一泊や二泊の登山であれば、炭水化物を中心にしっかりとカロリーを摂るように心がけるべきです。おにぎりやパンなど、持ち歩きやすい普通の食べ物で構いません。私はよくアンパンを持っていくようにしています。パンはでんぷん質なのでゆっくりと吸収され、餡はブドウ糖のため、エネルギーをつくるのに即効性があり、よい組み合わせです。お湯で溶かして作れるお汁粉やコーンポタージュなどもお勧めです。お湯を沸かしてアンパンの餡を溶かしてお汁粉がわりにして、残ったお湯は他にも使うようにする方法もあります。

登山者は携帯する食べ物も軽いものにしようとこだわりがちですが、自分が好きでカロリーが高いものを持っていきましょう。自分が食べたいと思えるおいしいものでなければ積極的に食べたくはなりません。極限状態ではそんなことは言ってられないと思われるかもしれませんが、そういうときこそ嗜好性《しこう》が大切になります。

低体温症が進むと自分の意志で何かを食べようとできなくなるので、一人でいるときはとくに注意すべきです。それが単独登山者が遭難しやすい理由にもなっています。

グループで登山している場合なら、仲間が震えているのに気がつくなど、低体温症ではないかと疑われたときには無理にでも何かを食べさせてください。表情や会話の様子などがおかしいときには意識障害を起こしているので、救助要請をしましょう。

「食べる」「隔離」「保温」「加温」

「食べる」「隔離」「保温」「加温」の四つはしっかり覚えてください。

「食べる」に関しては、前述のとおりです。

「隔離」とは、体温を奪ってしまう風や雨、雪などに身をさらさない（隔離する）ことです。雨風に当たらないように、ゴアテックスなど防水と透湿を備えた素材のものを着ます。そして岩陰やハイマツの群生の中に入り込むなどします。ツェルトなどがあれば、そこに入り、山小屋があれば避難しましょう。濡れているものを脱ぎ、体を冷やさないことも大切です。

「保温」は、濡れていない衣類を着て、体の熱を逃がさないようにすることです。登山をする際には、肌着などでも速乾性のあるものを選ぶべきです。綿製品は水分を含みやすく乾きにくいので登山には向いていません。シャツなどのほかに、フリースのように脱いだり着たりして温度調整をしやすいものを持っておきましょう。それらの衣類を状況に合わせて重ね着します。とくに頭部や首は体温を逃がしやすいのでしっかりくるみましょう。

「加温」は、湯たんぽやお湯を入れた水筒などを胸に当て、体に熱を加える事を指します。湯温は下がりやすいので、沸騰したお湯で湯たんぽを作ります。ただしやけどをしないように衣類の上から当てるか、それらのものをタオルで包んでください。プラティパスのような軟質素材の折りたたみ式水筒があると便利です。プラティパスにお湯を入れて胸に当てると、普通の円柱形の水筒やペットボトルに比べると体との接触面積を広く取れるので非常に効果的です。

繰り返しますが、とくに大切なのは胸を温めることです。

プラティパスがいくつもあれば、首や腋《わき》の下、鼠蹊部《そけいぶ》などに追加します。腕や足などを温めてはいけません。体の末端を温めると、冷たい血液が心臓に戻っていくことがあり、体温がより下がると言われています。

「食べる」「隔離」「保温」「加温」。四つの大切なキーワード、覚えていただけましたでしょうか。

「凍傷＝解かす」は誤り!?

凍傷になったときの対処には注意が必要です。

指先などが凍りついて硬くなったときは、お湯で解かせばいいのかといえば、そうとは限らないからです。もちろん凍った指は少しでも早く解かしたほうがいいのですが、お湯につけて急いで解凍すると、数時間すると水疱《すいほう》ができて腫《は》れてきます。腫れると手袋もはめられず、ストックやピッケルも持てなくなるので、移動もままならなくなります。凍傷になったらとにかく解かすべきだと考えるのではなく、救助を呼ぶのか、どうやって下山するのか、いつ病院に行けるかということを計算して、対処すべきです。仮に二、三時間で山を下りて病院に行けるなら、それ以上は凍らないように保温します。

できるだけ早く病院に行き、解凍を含む治療をお願いしましょう。

もし山の中で解凍する場合の注意点をお話しします。

指を解凍するには、途中でやめないことです。洗面器くらいの大きさの容器に、三七度から三九度のお湯をはり、そこに手のひら全体をつけておきます。湯温を一定に保つためにお湯を注ぎたし、攪拌《かくはん》します。解凍が終わるまでには三十分から一時間かかります。解凍が終わったらガーゼで包むなどして保護しなければなりません。つまり洗面器、お湯を沸かす熱源、ガーゼ、水のどれか一つ足りなくても解凍はできないので注意してください。

雪崩による死因と対策

雪崩に埋没した場合の生存率は埋没直後から急激に低下し、三十五分で生存率はわずか七パーセントというカナダからの報告があります。雪崩による死因は、窒息が全体の七五～九〇パーセントを占めます。それに続く死因は外傷が一〇～二五パーセント、低体温症はわずか一パーセントです。

雪崩は、速いものでは時速二〇〇キロのコンクリートのブロックに流されるようなものです。友達が巻き込まれたときは、口の中にどんどん雪が入ってきて呼吸が出来なかったといいます。別の友達は、流された時に脳震盪《のうしんとう》を起こし、気がついたら口の中に雪が詰まったままうもれていました。また背骨が折れた友達もいます。

過去にどこでどんな雪崩が起きているかといった情報収集や、自分が行く場所の一週間の天候や、斜面の向きや状況を合わせた複合的な判断が必要です。

十分な知識と経験がその判断を支えます。とはいえ、経験豊かな私の知人でも雪崩で亡くなりました。経験のある人の判断でも予見できないのが自然の脅威です。

雪崩の際、救助に役立つといわれる道具があります。ビーコン、金属棒、シャベルがそれで、「三種の神器」とも呼ばれています。最近はエアバッグが普及してきて、救命率をあげています。ビーコンは、雪に埋まってしまったときに電波を発信することでおよその位置を伝えます。これによって早く見つけることができるので、埋没している時間を短縮できます。金属棒で埋まっている人の位置を確認し、シャベルで掘り出します。

これらすべてを持っていくとそれなりの重さになり、また使いこなすにはトレーニングも必要です。先日ヨーロッパアルプスにクライミングに行った際、ほとんどのスキーヤーがエアバッグを装備していました。二年前とはすっかり変わっていて大変驚きました。エアバッグを装備していたスキーヤーでも一人雪崩でなくなっていました。エアバッグを装備しても一〇〇パーセントではありませんし、それをもっていれば危険なところに行っていいと約束してくれるものではありません。

「夏山」を安全に楽しむための注意点

登山シーズンといえるのが夏なので、「夏山での注意」もまとめておきます。

夏の富士山でも低体温症は多いように、夏でも低体温症にならないように十分気をつけておく必要があります。二〇〇〇メートル以上の山は夏と冬が一度におとずれる環境です。夏でも帽子と手袋、防寒着は持っていくようにしてください。

そう書くと、厚着にしておいたほうがいいかと思われるかもしれませんが、出発時にはむしろ薄着にしておいたほうがいいくらいです。寒くなったときに備えての服はザックに入れておき、できるだけ汗をかかないようにゆっくり登りましょう。汗をかくと脱水症状になりやすいだけでなく、体が冷えやすくなります。スタート時にはちょっと肌寒く感じるくらいの服装でも、少し歩いていればすぐに温まります。そうして汗をかかないようにしておくのがいいわけです。

寒いと感じたときはもちろん、休憩時にも体が冷える前に重ね着します。一度寒くなってしまうと、なかなか体温を回復できません。休憩時にすぐ服をはおり、動き出す直前に脱ぎます。面倒がらずにこまめに調節していくことが低体温症の予防になります。

夏にはとにかく脱水症が増えます。予防するには二つのタイミングがあります。起床時と登山中です。通常、睡眠中は水分を摂らないので、起きた時点で軽い脱水状態になっています。そのため出発前には必ず水分を摂っておく必要があります。このとき、塩分も一緒に取ると体に水分を保持する作用があります。水分量の目安は、朝食以外に五〇〇ミリリットルです。しっかり朝食をとれば、塩分も含まれているので、普通の水で構いません。しかし、食事で塩分を摂らないのであれば、経口補水液やスポーツドリンクなどを飲むことで登山前に塩分を補っておくべきです。

朝のトイレも目安になります。起床してトイレに行くのは、夜中のうちに溜まったおしっこを出しているだけです。それから何かを食べたり飲んだりしたあとの二度めのおしっこは、朝に摂った水分や栄養が体を循環したサインです。二回おしっこをすませてから出発しましょう。

登山中は、喉の渇きを感じていなくても三十分おきに水分を補給します。スポーツドリンクを水で半分に薄めたものを携帯しておくのがいいでしょう。薄めないと糖濃度が高いため、吸収が遅くなることがあります。

経口補水液のOS—1も飲む点滴と言われ、非常に吸収が早く有効です。パウダータイプもあるので便利です。

二時間おきに何かを食べるようにしていきます。食べ物に関しては一時間おきでもいいくらいです。空腹かどうかを問わず、それくらい定期的にカロリーを補給していく必要があります。

登山中は水分補給だけでなく栄養補給も忘れないようにしましょう。下山時になると何も食べなくなってしまう人は多いものです。しかし、脳がしっかり働いていないとバランス感覚が崩れ、転倒の原因にもなります。下山時にも定期的なカロリー補給を怠ってはなりません。

山での水難事故は助かりにくい

夏の山では水難事故も増えます。

沢や川は、雨が降ったときなどに一気に増水することがあります。戻れなくなる場合も少なくありません。もし、急な雨が降ってきて、立ち往生してしまったら、安全な岩陰に入るなどして、体が濡れないようにするべきです。

普通の運動靴で沢に入る人もいますが、沢に行く場合はフェルト底などの沢靴を履いておくべきです。普通の運動靴は滑りやすく、天候にかかわらず、滑って頭を打ち命を落とすケースもあります。

天気が崩れると、沢はいっそう危険な場所になります。急な増水をしているところで足を滑らせて落ちてしまうと、泳ぎに自信のある人でも溺れやすくなります。溺れて助かる人はほとんどいないのも現実です。

自分の仲間が溺れてしまったときには、フローティングデバイスという浮力のついたジャケットを着ていない限り、助けに行ってはいけません。自分まで溺れてしまう可能性が高いからです。

幸いにも溺れた人を助け出せた場合には、まず寝かせてください。体を起こすと血液が足に集まり、血圧が下がって意識を失うことがあります。なお溺水した人の多くは嘔吐をするので横向きに寝かせましょう。

心肺停止を起こしている人はまず人工呼吸をしましょう。次に心臓マッサージです。溺水による心肺停止を起こしている人のほとんどは窒息が原因だからです。心肺蘇生中の三分の二は嘔吐をすると言われています。その際には、窒息しないように口から吐物を掻き出すことも重要です。体を横にむけても構いません。

高山病予防の鉄則はゆっくり登ること

高所というと三〇〇〇メートルや四〇〇〇メートルという高い山をイメージするかもしれませんが、医学的には標高一五〇〇メートル以上を指します。なぜなら標高が高くなると気圧が下がり、大気中の酸素が少なくなるので、その環境に適応しはじめるのが一五〇〇メートルだからです。この代表的な反応が、無意識に呼吸の回数を増やす「低酸素換気応答」です。人の体には順応性があるのにどうして高山病になるのかといえば、その素晴らしい適応力が発揮される前に標高を上げすぎてしまうからです。高山病は、酸素が少ないからなるのではなく、酸素が少ないことに体が慣れていないからなるのです。一般に高山病は標高二五〇〇メートル以上の高所で起こりやすくなります。そのことをよく理解していれば、ハイペースで標高を上げていくことがいかに危険であるかが分かるはずです。

逆に言うと、ゆっくりと登っていけば高山病は、ほぼ防げるということです。

眠ったときには呼吸が浅くなるので夜に高山病の症状がでやすくなります。アルコールを摂るとさらにその危険が高まります。アルコールは低酸素換気応答を抑制する作用があるからです。登山中にビールを楽しむ人もいますが、標高に慣れてないうちにアルコールを飲み、そのまま一泊するのは危険な行為です。

富士山を訪れる登山者は、七合目か八合目で一泊して、翌日、登頂してそのまま下山する人が多くなっています。できればもう一日余裕をもち、五合目で泊まって八合目でも泊まるなどと細かく標高を上げるとよいでしょう。どうしても一泊二日の日程にしたい場合は、五合目についてすぐ七合目に向かおうとせずに、五合目で何時間か過ごして、ゆっくりと登りだします。この際、単に休憩してしまうのではなく、周囲を散歩するなどしたほうが体は慣れます。二時間で歩けるところを四時間かけるなど、ゆっくり登ることで体に慣れさせる時間を作りましょう。

同じ標高であれば、気圧の低いほうが高山病になりやすいです。気圧が低くなる冬や天気の悪い日はとくに注意が必要です。私も五三〇〇メートルのベースキャンプに滞在したことがありますが、よく眠れる日とそうでない日がありました。これは気圧の違いによるものです。同様の理由で、同じ標高であれば、緯度が高いところのほうが高山病になりやすいといえます。赤道付近のキリマンジャロは標高五〇〇〇メートルでも五日で登れましたが、緯度の高いマッキンリーは同じ標高まで十日かかりました。理屈でいえば本州よりは北海道のほうが危ないわけです。ただし、北海道の最高峰は標高二二九一メートルの旭岳なので、北海道で高山病になる可能性はそれほどないといえます。

現在国際ガイドラインでは、一泊目は二五〇〇メートルより低い地点で宿泊すること、二泊目以降は前日に泊まった標高より五〇〇メートル以上は上げずに、少しずつ寝る場所の標高を上げていくことを推奨しています。

高山病予防には努力呼吸と水分補給

富士山の診療所に高山病の疑いで訪れた人にはやってもらうことがふたつあります。ひとつは努力呼吸です。

三〇センチ先にあるローソクの火を三秒かけて吹き消すつもりで息を吐きだす呼吸を繰り返します。

これは胸腔内圧を高め、死腔を減らすことで少ない酸素を有効に取り込む理にかなった呼吸法です。子供にでもでき、高山病の予防にも治療にも効果的です。具合の良い・悪いにかかわらず、ぜひ、標高を上げるときには試してください。

「三〇センチ先」「三秒」という部分にこだわらず、大きくゆっくり息を吐くイメージをもちましょう。

高山病と診断した人のほぼすべての人が脱水状態も伴っています。高所は低酸素換気応答により呼吸回数が増えるので、吐いた息から目に見えない水分がたくさん出ていきます。トイレが有料であることや行列になること、飲料水が高いことなどの理由が脱水を起こしやすくしています。

高山病は脱水とセットです。どちらか見分けにくいので両方に対応しましょう。しつこいくらいこまめな水分補給を忘れずに。

高地脳浮腫、高地肺水腫になる危険

私は初めてのヒマラヤで高山病を経験しました。気持ちが悪くなって食欲がなくなり、うとうとして眠ってもすぐに息苦しくなり目が覚めました。人にもよりますが、高山病では頭痛、吐き気、倦怠感《けんたい》、めまい、不眠などの症状が出ます。

高山病には三つあります。急性高山病、高地脳浮腫《のうふしゅ》、高地肺水腫《はいすいしゅ》です。一般的に高山病と言うと急性高山病を指すことが多いです。三つの中で致命的なのは高地脳浮腫と高地肺水腫です。

高地脳浮腫では脳がむくみ、肺水腫では血液の液体成分が血管の外に滲《にじ》み出ていきます。高地脳浮腫は急性高山病の悪化したものです。意識が正常でなくなり、ボタンを留めたり靴紐を結ぶことがうまくできなくなったりします。高地脳浮腫になった友達は酔っ払ったようだと言っていました。

高地肺水腫は、急性高山病にかかっていなくてもおこります。富士山よりも北アルプスや南アルプスで多くみられます。富士山のほうが標高が高いのにどうしてかといえば、富士山では一泊二日で下りる人がほとんどなのに対して、標高三〇〇〇メートルぐらいの稜線が続く北アルプスや南アルプスでは、数日かけて山の奥まで入っていく場合が多いです。高地肺水腫は二日目の夜から悪くなる場合が多いのです。体力のある高校や大学の山岳部の部員が縦走をしていて、高地肺水腫をおこしたことがありました。日本の山で高地肺水腫を起こす人は体質的に高所は合わないので二〇〇〇メートル以上の山は登ってはいけません。

また、過去には、長野と山梨の県境にある八ヶ岳の赤岳《あかだけ》鉱泉で肺水腫になった高校生がいました。そのあたりはおよそ二二〇〇メートルの標高が続く場所なので、高山病になる可能性は本来、高くないといえます。この日は冬で吹雪《ふぶ》いていたので気圧が下がり、発症の条件がそろっていました。赤岳鉱泉は、冬には何百人もの登山者が訪れるところで、これまでに同様の例は出ていませんが、気象の変化が高山病に影響することを知っておきましょう。

高地脳浮腫も高地肺水腫も治療の原則は下山です。酸素があっても時間稼ぎにしかなりません。目標は病院に行くことですが、最低でも一〇〇〇メートル以上は下げましょう。

第3章　山岳医療を学ぶということ——ファーストエイドの第一歩

「山岳遭難です」

私が友達と山スキーに行ったときのことです。そのうちのひとりが骨折をして、仲間の男性が救助要請をしました。ところが彼は気が動転して、みるからにしどろもどろでした。落ち着いて話そうとしてもなかなかそうできない様子が伝わりました。緊迫する場面なのでやむをえないことです。

そこで救助要請をするときの、伝え方のコツをお話ししましょう。

まず一一〇番にかけます。山の中では電波が不安定なので、大事なことはコンパクトに伝えましょう。通報のポイントは二つあります。

一つ目は「山岳遭難です」と最初に言うことです。交通事故や事件が多いので、電話に出た警察官に早く意図を伝えることが肝心なのです。

二つ目は「場所」です。電波状態やバッテリーの状態が悪くても、場所さえ伝えていれば捜索をすみやかに開始できます。

～山岳遭難発生時の110番通報要領～

急なことで気が動転してうまく話せないことがあると思いますが、落ち着いて話してください。

1. 事件ですか？　事故ですか？

「山岳遭難です」「仲間が岩場で滑落してケガをしました」などと通報の内容を簡単に言ってください。

2. 場所はどこですか？

剱岳の別山尾根で、前剱の直下で標高2,700m付近です。

または、Ａ沢とＢ沢の合流点から約３００m上流です。等

ＧＰＳの緯度、経度を連絡できるともっとも良い。

3. いつ（何時）のことですか？

滑落した時間を言います。または、今から○分くらい前です。

4. 被害の模様と現場の様子を教えてください

＜被害の模様＞

仲間５人で登山中に２番目を登っていた○○さんが３mくらい下の岩の上に落ちて頭と腰を痛がっています。寒いと言っています。

出血はないと思います。

＜現場の様子＞

現場の天候は、ときどき雲がかかりますが、今は稜線も剱岳頂上も見えています。

現場には私たちだけで、○○さんに付き添っています。

5. あなたのことを教えてください

○×山岳会の山田太郎です。登山計画書は室堂で提出しています。

電話番号は、０００－１１１１－２２２２です。

○○さん以外にケガはありません。

連絡事項があれば、この電話へかけてください。待機します。

※ 携帯電話等の通信機器のバッテリーを温存するために、通話は極力控え、冷却によるバッテリーの消耗を避けるため、ポケット等に入れ、温めておいてください。

ちなみに、バッテリーを温存するには、ポケットや胸になどに入れて温めておくこと、家族や友達に電話をかけてバッテリーを消耗させないことです。

警察というと誰でも緊張するものですが、助けるための情報を求めて質問をするので安心して答えてください。

「3SABCDE」で初期評価

初めて富士山に登ることにしたビギナーや一般的な登山ファン、難易度の高い山に挑むクライマー、救助隊の人たち、医師と、それぞれに学んでおくべき知識や身につけておくべきスキルは違ってきます。しかし、知っておくと役立つ応急処置があります。この章ではそんな応急処置の基本となる部分を紹介しておきます。

山の中などで、具合の悪い人がいた場合には、どう接していいか最初は戸惑うものです。この時の対応の方法をパターン化したものが「3S《スリーエス》ABCDE」です。どういう異常が起きているかを確認する初期評価のことです。

この概念はもともと欧米にあったものです。滅多に使うものではないですが、いざというときにすぐ思い出せるように、語呂よくまとめました。これは命の危険を見落とさないようにするのが目的です。その要点を簡単に説明していきます。

３Ｓは「Safety & Scene」＝安全＆状況と、「Spine」＝脊椎《せきつい》・頸椎《けいつい》固定です。

Ａは「Airway」＝気道が開いているか。

Ｂは「Breathing」＝呼吸をしているか。

Ｃは「Circulation」＝脈は触れるか、出血はないか、手のひらの冷汗はないか。

Ｄは「Disability」＝障害部位はどこか、意識はあるか。

Ｅは「Environment」＝環境です。

「3S」は自分の安全が大前提

「３Ｓ《スリーエス》ＡＢＣＤＥ」、最初の二つのＳ（Safety & Scene）は、疾病者に近寄る前にその場所が安全かを確認し無理な救助はしないということです。

前章でも、増水した沢で溺れた人がいてもフローティングデバイスなどの用意がないなら迂闊に助けに行くべきではないと書きました。雪崩《なだれ》や落石があるかどうか、ハチに刺されるような危険はないかといったことも含めて状況を判断しましょう。また、知らない人の血液には触らないようにします。自分の安全が大前提のもとで、そのときの時間や気象条件などから、自分に何ができるか、何をすべきかを考えます。

「無理な救助はしない」「命に関わることを優先する」「一般の人は、状態を知ることを目的とするべきで診断する必要はない」という姿勢が基本になります。

最後のS（Spine）は脊椎・頸椎の固定です。

疾病者に対しては「どうしました？」と声をかけ、その人が頭の位置を動かさないように両手で頭を支え、むやみに動かないで安静にするように指示します。その際には、頭、首、体の軸がまっすぐになるようにします。

「ABC」は差し迫った命の危険

A（Airway）の気道確保では、窒息してないかを確認します。会話ができれば窒息はしていません。意識がない人は口を開けてみて、窒息物があればすぐに取り除きます。意識が朦朧《もうろう》としている場合は、横向きに寝かせ、舌根が落ち込まないようにします。その際に背骨ができるだけまっすぐなラインになるようにします。

B（Breathing）では、普通に呼吸ができているかを確認します。胸やお腹の動き、息などから呼吸の状態がわかります。十秒ほど確認して、呼吸をしていなければ人工呼吸をします。

C（Circulation）はやることが三つあります。

1、脈が触れるか。2、出血はないか。3、手のひらの冷汗はないか。

首の脈が触れなければ迷わず心臓マッサージを始めます。目安としては五、六センチ胸が沈む強さで一分間に一〇〇～一二〇回の速さで繰り返します。複数人いるときは交替しながら行ないますが、交替の際にはできるだけ中断時間を短くします。

出血がないか、全身を調べ、あれば圧迫止血をします。出血多量は死に直結するので、ただちに開始する必要があります。吹き出るような出血、湧き出るような出血は大量出血を起こすので、しっかり圧迫をします。

手のひらを触ってみます。冷たくてじっとり汗をかいている場合は血圧が下がる前兆です。

「DE」は放置した場合の死に至る危険

D（Disability）は、頭から足まで見落としがないよう、順番に外傷、骨折、変形、腫《は》れがないかを確認します。両手でしっかり触って確認しましょう。同時に、意識が正常がどうかも確認してください。

E（Environment）は、その場が暑すぎないか、寒すぎないかといったことを考え、悪条件からはできるだけすみやかに回避させます。暑ければ、熱中症を疑い日陰に移します。寒い環境では低体温症にならないよう岩陰に隠れたり、ツェルトをかぶせたりします。

救助の待機のしかた

ＡＢＣＤＥのどれかひとつでも異常があったら救助要請をしましょう。

救助隊が来るまで、どのような姿勢で待っているとよいかをご紹介しましょう。ケガをしたり頸椎損傷のある人は仰向《あおむ》けに寝かせて待ちましょう。出血があるときに立たせると、頭に行く血液が減って気を失ってしまう場合があります。そのため、出血時も体を横に寝かせた状態にしておきましょう。

私は現在、五日間のプログラムのファーストエイド（応急処置）講習会を定期的に開催しています。「学ぶ・試す・行動する」というトレーニングを繰り返し、実践力を高めることを目的としたものです。一般登山者が参加されることもありますが、救助関係や医療関係の人が多く参加しています。そのファーストエイド講習会でもまず徹底して覚えてもらうのがこの「３ＳＡＢＣＤＥ」です。

専門的に学びたい人はファーストエイド講習会に来ていただくのもいいかと思います。

一般登山者の人がこのような流れを知っておくだけでも、いざというときに冷静に対処できることにつながるはずです。

低体温症ラッピング

前章では、低体温症のキーワードは「食べる」「隔離」「保温」「加温」だと書きました。このうち隔離、保温、加温をより効果的に行なうために北海道警察山岳遭難救助隊の皆さんと一緒に開発したのが「道警式低体温症ラッピング」です。

これは救助活動に無理なく持参できる資材を使うことを前提にしたやり方です。

まずブルーシートを下に敷きます。その上にマット、テントシートなどを重ねて、寝袋に包み込んだ傷病者をそこに寝かせます。さらにその上に寝袋、マットなどをかぶせ、ブルーシートで包み込んで密閉します。これにより「隔離」と「保温」ができるわけです。

「加温」のためには、寝袋に包み込んでいる傷病者の胸にお湯の入ったプラティパスを

現場に携行可能な資材で考案した
道警式低体温症ラッピング

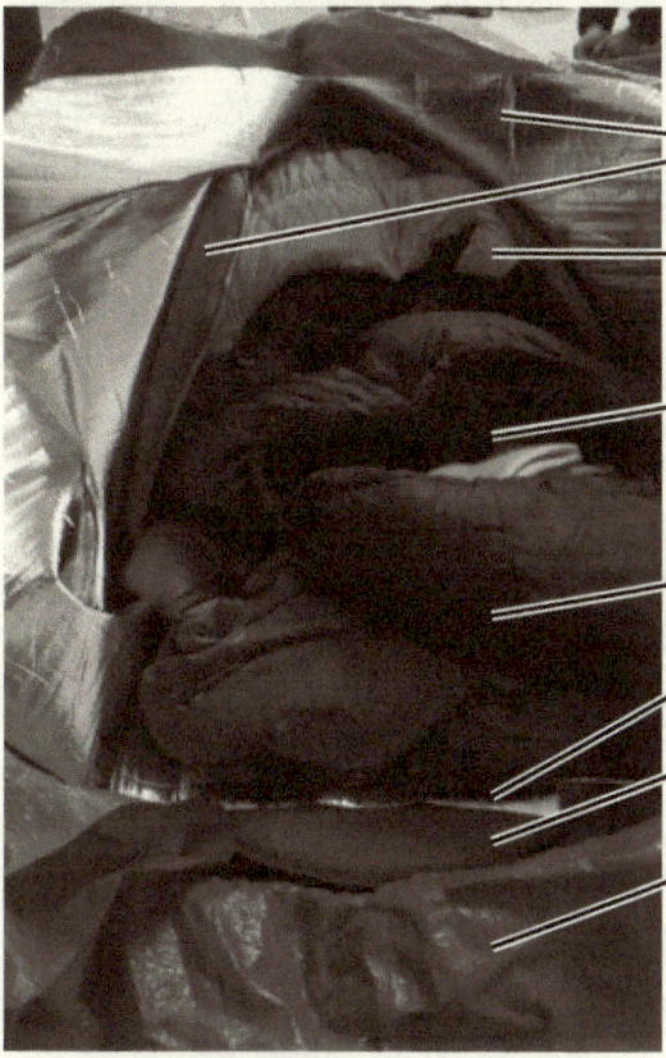
エアマット２枚
寝袋③
寝袋②に傷病者が入る
（傷病者の体幹に、お湯入りの
プラティパスをあてる）
寝袋①
テントシート
エアマット
ブルーシート
（ツェルトを使用する場合は
ラッピング用と搬送用とに分ける）

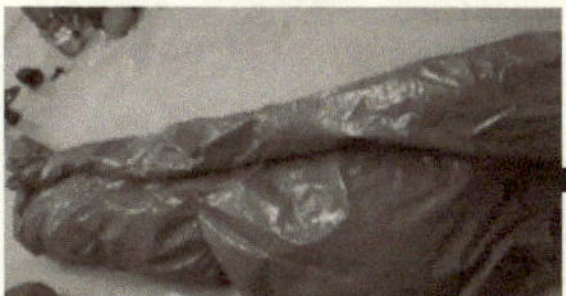

密閉性を高めるためにキャンディー状にくるむ。顔面は換気とバイタルサイン確認目的で、くるんだ後に開ける。

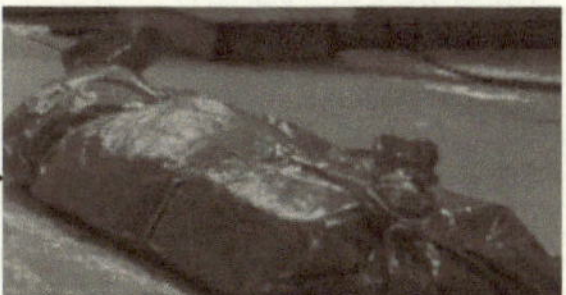

両端はクローブヒッチで閉じ密閉する。搬送時は雪が入らないよう両端を折り返す。

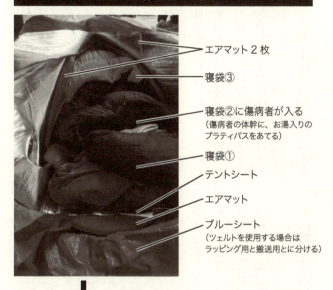

当てておくようにします。

こうしたラッピングをしながら搬送すれば、搬送しているあいだにも症状を改善させられます。これまでの搬送はただ運ぶだけの場合が多かったのに対し、この方法で搬送すれば、搬送中にも回復していきます。劇的な改善といえます。

この方法の基となる原理はアメリカの学会で知りました。この隔離、保温、加温の原理を救助隊の人に話すと、その翌日にはもう「試してみました」と連絡がきたのです。その後、冬山でいくつかの組み合わせを実験してそれぞれの温度の低下を比較し、最適な方法を見つけだすことができました。

この低体温症ラッピングは、救助隊の搬送技術となるものですが、こうした方法があることを知っておけば、一般の登山者でも応用はできます。たとえば救助要請をしても救助隊の到着まで時間がかかるときはできるだけこれを処置して待機しましょう。ブルーシートやマットがなければ、ツェルトやザックなどで代用しても効果があることは実験でわかっています。

代用できそうなものが少ないときは、地面側を厚めにします。下から底冷えしてくると、体温が奪われやすいからです。

ラッピングという呼び名が示すように、密閉することにも重要な意味があります。繰り返し実験を行なった結果、同じようにラッピングしているようでも、しっかりと閉めているときとそうでないときでは、その内側の温度の下がり方がずいぶん違ってくることがわかっています。もちろん、呼吸はできるようにしておく必要があります。

捻挫を予防するテーピング方法

下山時に事故が多いというのは繰り返し書いているとおりです。その際には捻挫《ねんざ》予防として、事前にテーピングをしておくのも有効です。

以前に一度、足が疲れたという女性に下山前に両足首のテーピングを勧めました。すると彼女は「片足だけでいいです。テーピングをしている足と、していない足で違いが出るかどうかを比べてみたいから」と言い、片足だけテーピングをしました。いくら本人の希望だったとはいえ、そうしてしまったのは間違いだったと悔やまれます。

その女性が下山を始めて一時間くらいしてから私も下山をしていくと、途中でうずくまっていたのです。どうしたのかを聞いてみると、テーピングをしていなかった足を捻挫したのだといいます。結局、救助隊員にその女性を背負ってもらい、下山することになってしまいました。それくらいの違いがあるわけです。私自身、下山時にテーピングをすることがあります。固定感があり、具合がいいと実感できています。

誰にでも簡単にできるテーピングの方法があります。

テーピングは五センチ幅程度のものを用意しておきます。

テーピングを三〇センチほどの長さに切り、スネの内側にその先端を貼りつけ、そこから足裏を通して、スネの外側へと縦に貼ります。足首の捻挫は通常、外側のくるぶしが伸ばされてしまうことが多いです。このため、なるべくテープを引っ張りあげるように張り、外踝《がいか》が伸びないように貼るのがポイントです。強度を出すため、そのテーピングに重ねるようにして平行に左右にもう二本のテーピングを巻きます。このテーピングを「スターアップ」といいます（イラスト参照）。

テーピングの効果は最初の一時間がもっとも高いので、ケガをしやすい下山前にして

足首の捻挫を予防するテーピング

幅5センチのテーピング用テープを使用します。

スターアップ

テープを30センチ程度の長さに6本切り、片足に3本ずつ。
内側のスネから足底を通り、外側のスネのアンカーまで引き上げる。

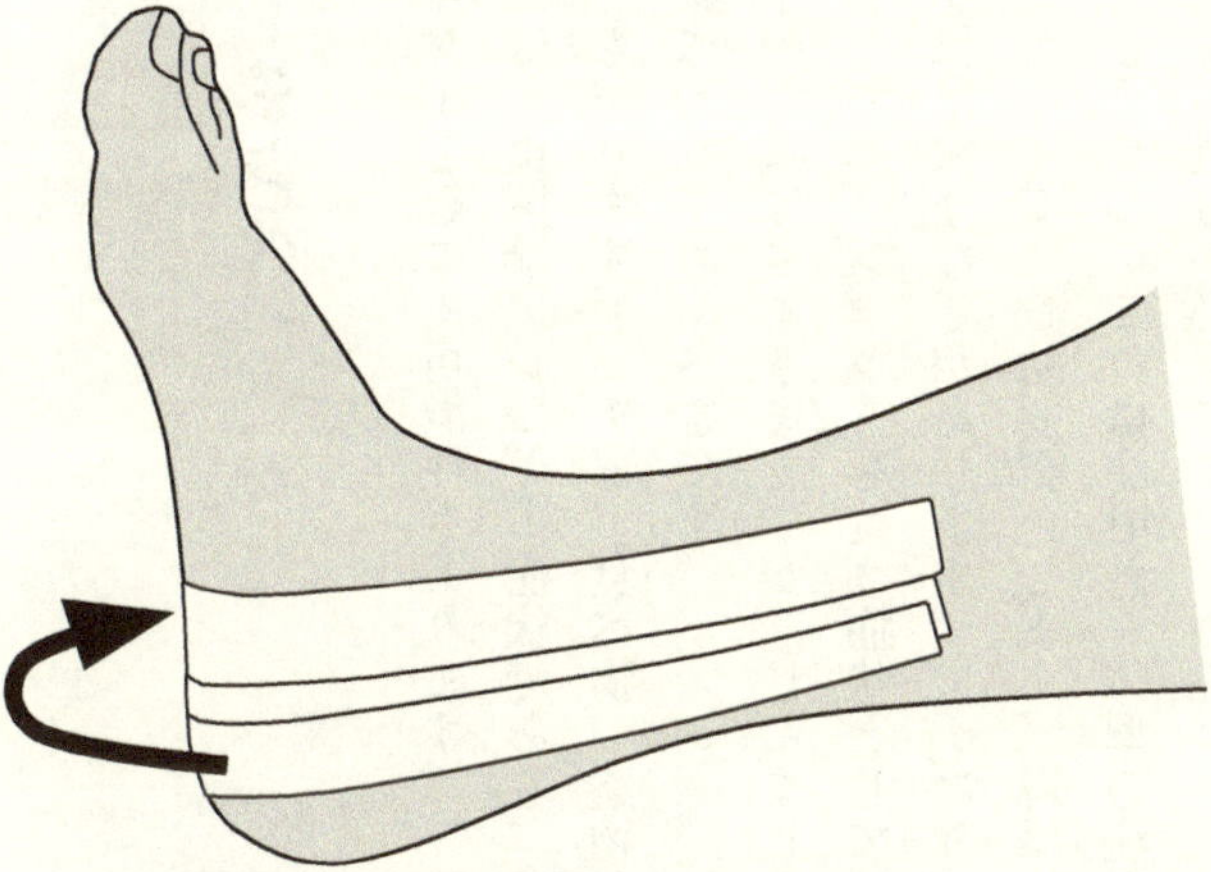

注　意

テーピングの効果は時間とともに弱くなります。
テーピングは、捻挫を起こしやすい下山の前に行なうともっとも効果を発揮します。

もっと手軽なほうが良いという方は、足首用にカットされた簡単なテーピングも市販されています。

詳しい確実な技術を身につけたい方は、講習会が各地で行なわれていますので、受講されるのもおすすめです。

おくのがよいでしょう。

アナフィラキシーとエピペン

山でアナフィラキシーを起こす可能性もあります。

アナフィラキシーは、重篤なアレルギー症状であり、ひどくなるとショックを引き起こし、死に至ることもあります。ハチ毒、食べ物、薬物が原因となることが多く、登山でも、このことを頭に入れておくべきです。

アナフィラキシーの症状はさまざまですが、じんましんや痒《かゆ》みなど皮膚の症状が出やすいのが特徴のひとつです。ショックを疑う症状としては、呼吸困難、喉《のど》が詰まる、めまい、顔面蒼白、意識を失うなどがあります。アナフィラキシーは分単位で死に至ることがあります。疑ったらすぐに救助要請をします。現場で進行を緩和することができるのはエピペンしかありません。これは注射針一体型の注射器で、アドレナリンが含まれています。事前に医師の処方が必要です。

最近は運動誘発性のアナフィラキシーが増えています。これは、何かを食べたあと二時間ほどで起きることが多いアレルギー反応です。若い世代はエビなどの甲殻類、中高年ではグルテンを含むパンなどの小麦を食べたあとに起こりやすいです。

アナフィラキシーに関しては、ハチであろうと運動誘発性であろうと、対処法は変わらないので、山に行くときにエピペンを携帯しておくのもひとつの方法です。

山で求められるのは医療よりも知恵

山で本当に必要なのは、医療ではなく知恵だといえます。

医療資格を持っているかどうかよりも、山のことをよく知っていて、山の中での知恵を働かせられるかどうかが問われるということです。

たとえば、骨を折った時は固定が必要です。病院にいればギプスがありますが、山にはありません。ところが山に精通している人は、たいがい小さなのこぎりを持っています。これを使って木の枝を切り、副木にしたり、担架を作ったりすることもできます。

たとえ医者がそこにいても、骨をくっつけることはできません。骨折は、動かすと出血が増えて痛みが強まるので、できるだけ固定しておくことが一番大事な処置なのです。山では医者より生きた知恵のほうがいかに役立つかお分かりいただけるでしょう。

山では治すことはできません。〝できるだけ悪くしないで病院に運ぶ〟ことが目標です。機転の利いた対応と知恵が山では大変有益です。

ファーストエイドは登山技術のひとつ

山に行く人がストックのつき方、ピッケルの使い方を学ぶように、万が一ケガや病気をしたときに、どのように自分の身を守るかを学んでから行くことは登山技術のひとつだと思います。

私が行なっているファーストエイド講習では登山者にはいつも「自分の身を守るために勉強をしてください」と話しています。このファーストエイド講習では「予防ができるようになる」「応急処置ができるようになる」「救助要請が必要な人を判断できるようになる」の三つの技術を獲得できるように構成しています。病気の治療を学ぶとそのメカニズムも理解できます。すると、病気にならないようにする予防の知識も備わります。

低体温症になった人の体温を上げるために湯たんぽを使います。まだ低体温症になっていなくても雨に濡れて体が冷えたら湯たんぽをあてることで低体温症を防ぐことができます。これは低体温症における「加温」の大切さを知っているからこそできる予防です。知っているのと知らないのとで、生死を分けることがあります。

これらの知識は遭難したときのために学んでおくよりも遭難しないために学んでおくものです。

第4章 国際山岳医という仕事——遭難を減らすためにできること

医師を目指した理由

二〇一〇年に私は、イギリスで国際山岳医（UK Diploma in Mountain Medicine）の資格を取得しました。国際山岳連盟（ＵＩＡＡ）、国際山岳救助協議会（ＩＣＡＲ）、国際登山医学会（ＩＳＭＭ）の三つの組織が認定している資格です。

どうしてこの資格を取ることになったかにも関係してくるので、少しだけ私のこれまでを振り返っておきたいと思います。

私は長野県で生まれ育ちました。母親がリウマチを患っていたこともあり、治療する医師の姿を見る機会が多かったのが医者を志すきっかけになったのかもしれません。間近で治療の様子を見ていたことによって自分も人の役に立ちたいと考える気持ちが生まれてきたからです。母は私が日本大学医学部に入ってまもなく白血病で亡くなりましたが、それまでに多くのことを私に教え、遺してくれました。

医学部を卒業したあとは日大病院に勤務して、総合医になることを目指しました。いろいろな専門科を見て、どの科にも興味が惹《ひ》かれるなかで、体のどこか一か所に絞るのではなく全身を診たいという気持ちが強くなりました。当時はまだ総合診療医というカテゴリーはなかったのですが、アメリカのGP（General Practitioner）に近い考え方で講義をしてくれる先生が内科にいました。自分も体系的に医学を理解し、診療したいと考えるようになったのです。

もともとアクティブな性格ではありました。医師免許の国家試験の直前にバイクの免許を取り、試験勉強をしながらバイクに乗っていたくらいです。限定解除をして七五〇ccに乗るようにもなりました。

卒業後、日大病院で夏休みを取れたときには、オーストラリアで三週間のバイク旅行をしました。ガソリンスタンドのないところを五〇〇キロくらい走り続けたりもしたので、ガソリンとテントを積んで走る旅でした。途中で警察の人に「キミはこんなところで何をしているんだ!?」と声をかけられ、心配されたほどでした。そんなことをしている日本人女性は他にいなかったのだと思います。

次の年にはカナダに行き、やはりバイクでバンクーバーからカルガリーへと回りました。その途中でロッキー山脈に登りました。以前、北海道の旭岳や十勝岳《とかちだけ》などに登ってバイクで回った旅を思い出しました。訪れた先に山があるとやはり登りたくなってしまいます。

初めてのキリマンジャロで学んだこと

カナダに行った翌年にはタンザニアのキリマンジャロに行きました。バイクで世界を回るよりも自分の足で山を登りたいという欲求が強くなっていたからです。それが三十一歳のときのことでした。

いまの私は初心者の登山者に対して「ちゃんと下調べをして無謀なことはやらないように」と諭していますが、この当時は私自身が無謀だったわけです。それまでの私は、本格的な登山はしたことがなかったのですから、いまの私からは怒られそうです。

それでも、そのときの私は自分なりの防衛策をとっていました。キリマンジャロのような山に登るには高度順応しなければならないのを知り、何も手を打たないままに高山病で死にたくないと考えたのです。他の参加者は五日間で登る日程だったところを七日かけられるように変更してもらおうと旅行会社にかけ合いました。本来、そうしたイレギュラーは受け入れられないので最初は拒まれましたが、最終的には許されました。そうして行なったキリマンジャロ登山は私にとって初めての高い山で本当に印象深いものでした。

私は長野県生まれなので、もともと山は身近な存在で、三歳のときからスキーもしていました。ただ、あまりにも身近すぎたためか、本格的な登山をしようという発想はもちませんでした。家のすぐ近くにも山があったので、友達と遊びに行ったり、親と一緒に山菜を採りに行くような環境でした。もちろん子供の頃に遊んでいた山とキリマンジャロでは、まったく違います。キリマンジャロは標高五八九五メートルです。四七〇〇メートルあたりではずいぶん息も苦しくなり、トイレまで行くのにもゆっくり歩いていかないと息が切れるくらいになります。自分の脈をとろうとすると、いつもより弱くなっているのか、探すのに時間がかかりました。この自分の体の変化は大変興味深い体験でした。

ふだん自分は患者さんに当たり前のように酸素を投与していますが、体を動かし、生きていくのにいかに酸素が大切か、ないとどれだけ辛いか、シンプルですが、酸素の偉大さをこのとき思い知りました。

当時の私は第一内科というところに属していて、慢性呼吸器不全の患者さんを診ることもありました。そういう患者さんたちの辛さが主観的に理解できた気もしました。患者さんのなかには、呼吸が苦しいため診察の際の服の脱ぎ着もゆっくりとした動きになり、時間のない教授を苛立《いらだ》たせる人もいました。でも、あれが精一杯なんだなと初めて共感できたのです。このくらいの標高になると、酸素が薄く、それほど呼吸は苦しくなります。

もう一つ、キリマンジャロで学んだことがあります。それは、こうした厳しい環境の変化にも体は順応していくということです。標高五〇〇〇メートルでも人間は生きていけるんだ！　そう感じられたのは私にとっては新鮮な発見でした。

北海道への移住

三十五歳のときに北海道に移住しました。

キリマンジャロ登山のあとには海外の山に出かける機会は増えましたが、それと同時に自分の中ではスキー熱が再燃していました。東京の日大病院にいたあいだ、午前中に群馬県などで滑って午後から病院に出るようなこともありました。そのうち北海道のパウダースノーの魅力にはまっていったのです。滑っていながら自分のシュプールがきれいに見えるのが感動的で、週末になると北海道に行くことが増えていきました。

ちょうどその頃、博士号と内科専門医の資格を取得しました。大学病院に残るか別の病院に出向するか、いくつかの選択肢のなかで考えました。大学には、教育、研究、臨床の三本柱があるなかで、私は臨床をやりたかったので、大学に残る必然性はあまりなかったのです。総合医を目指して呼吸器、血液、免疫と学んできて、次は人の生死に直結する循環器の勉強が必要と考えていました。そこでまず住む土地を決めました。何度も通った北海道は自然がゆたかで憧れの土地でした。そこで大学病院は辞め移住しました。それから心疾患で実績の高い「心臓血管センター北海道大野病院」に就職。これが現在の勤務先です。

父は、私が日大病院に勤務していた頃に他界しました。後年は寝たきりのようになり、存命中は遠くに行くことは考えられませんでした。しかし、その父が亡くなり、初めて心の拠《よ》り所がなくなったことに気づきました。同時にそれは、自立のチャンスをもらったということでもあります。私は「帰る場所はなくなり、これからは自分の足で生きていかなければならない」と腹を括《くく》りました。父からもらった最大の遺産。それは私の自立だったのです。だからこそ北海道移住という選択ができたのです。

それまでは大学に所属していることに頼っていましたが、自分の力でやっていかなければならないという意識が芽生え、博士号・専門医の資格を取得しました。肩書きや資格がすべてだとは思いませんが、生きていくための通行手形になる部分はあります。自分が何をしてきたかが、外から評価されるときの客観的材料になるはずです。

学びに無駄はない

まるで根なし草のように好き勝手な生き方をしているように見えるかもしれませんが、私としては自分の学びたいことを主体的に選び、自分の足で歩いているという実感があります。

仕事には自分のやりたいことだけではなく、やりたくないことをしなければならない場合もありました。そのどちらも一生懸命にやっていれば、そこから得られるものは必ずあります。

たとえば北海道大野病院で、無呼吸症候群の仕事をするよう言われたことがあります。心臓の仕事がしたくて就職したのに、他の仕事を任せられることは、自分の価値を認めてもらえないような残念な気持ちでした。しかし、言われたからには目の前にある仕事に全力で取り組みました。それは能力が無いと評価されたくなかったからです。その結果、無呼吸症候群の患者数は北海道で一番になりました。そうしているうちに、無呼吸の患者の八割に心臓の病気があることがわかり、想像以上にたくさんの心臓病を勉強することができました。また山に登ると無呼吸になる人が多く、非常に役に立ちました。

今は、目の前にあることを一生懸命やればすべて学びになり、無駄はないと感じています。またすべてが現在の山の仕事に自然に導かれてきたように思います。

東京と北海道の違い

私が北海道に移った頃は、東京の大学病院を辞めてまで地方移住をするような選択をした人間に対して、何か問題を起こして逃げてきたのではないかという目で見る風潮が強かったように思います。しかし、私自身はあまり気にしていませんでした。当時はまだ、東京でキャリアを積み上げていくことが成功のすべてと捉えられていた面がありましたが、そういうこだわりはなかったからです。

北海道のパウダースノーが楽しめて、循環器をやっていけるということで楽しくてしかたがありませんでした。札幌の街中から二十分で行ける藻岩山《もいわやま》スキー場にナイターで滑っていて、ポケベルで呼び出されて病院に戻る。そんな生活は私に向いていたといえます。

ただし、実際に北海道に来てみると、社会構造の違いのようなものが感じられる部分は、やはりありました。たとえば東京にいたときは、大学病院に勤める医者が特別視されていると感じることは、ほとんどありませんでした。しかし北海道では「医師」という職業の人間は、学校の先生や弁護士などにも近い存在として見られている気がしたのです。

患者さんと一緒に治療方針を決めようとするときにしても、「すべて先生にお任せします」という感じだったと思います。いまでは北海道でも、患者さんが自分の治療法を考えたり、セカンドオピニオンを見つけようとするようになっています。しかし、その当時はまだ、患者は医者に従うのが当たり前のような感覚だったのです。そういう意識が浸透しているところで医療をしていていいのかな、という迷いは多少ありました。

「あなたが悔しいのはどうでもいい」

違う土地から来た私は、新しい仕事場で思いがかみあわず、正直やりづらいことが多々ありました。

少々落ち込み、あるとき東京の恩師に電話をしました。すると開口一番こう言われました。

「あなたが悔しいのなんてどうでもいい。患者さんのためになることをやりなさい」

ああ、自分が恥ずかしいと思いました。うすうす自分でもわかっていたことであり、またどこかで慰めて欲しいと甘えていた自分に気づきました。この言葉は生涯忘れ得ないものとなっています。迷ったり、悔しい思いをした時、必ずこの言葉に立ち返ります。自分の悔しい思いは横に置いておこうと自分に言い聞かせ、「患者さんのため」という言葉をその時々の場面で考えるよう心がけています。

この恩師は、私が東京で外来勤務に行っていたクリニックの院長で精神科医でした。

この先生から私はたくさんの気づきをいただきました。若い時にはなかなか出来なかった感謝の気持ちを口に出して表現するようになりました。治療がうまくいったときにはスタッフに対して「みんなのおかげです。ありがとうございました」と礼を言い、患者さんに対しては「○○さんの生命力に助けられました。ありがとうございました」と伝えるようにしたのです。そうしているうちに病院内の風通しが良くなり、スタッフのみんなが私の指示にも信頼を寄せてくれるようになりました。お互いに認め合い、助け合っていけるようになったのです。そんなふうにして少しずつ新しい環境にも馴染んでいけました。

ネパールで会った高山病の登山者

私にとって大きな分岐点のひとつに挙げられるのは、北海道に移って数年経ったあと、ネパールのトレッキングに行ったことでした。標高四五〇〇メートルあたりの地点で具合が悪くなっている日本人登山者に会ったのです。三十代くらいの男性で、高山病と脱水症を起こしていました。

私は、指先に挟むことで血液中の酸素飽和度を測れるパルスオキシメーターを持っていたので、それで測ってみました。正常値は九六〜九八パーセントなので、その標高でも七〇や八〇パーセントくらいはあってほしいところでした。ところがその男性は四〇パーセント台にまで下がっていたのです。危険なレベルでしたが、私が持っていた水を飲ませて、努力呼吸をさせることで七〇パーセントくらいまでは回復しました。意識もかなりはっきりとしてきました。もし、そこまでも回復しないようなら肺水腫《はいすいしゅ》などになっているとも考えられる状態だったのです。その人は、保険にも入っていないし、お金がないので救助は呼べないというので、気をつけながら下山するようにと言いました。海外では救助が有料になる場合も多いのです。その男性が無事に下山できたことはその後に確認できています。

ただ私としては、「そうした自分の対応が正しかったのか?」「それ以上のことはできなかったのか?」と考えました。水を飲ませて努力呼吸をさせるという処置は、いまの私が行なうこととそれほど変わりはありません。科学的にも経験的にもそれでいいのはわかっています。しかし当時は、「たぶん、こうすべきだろう……」という感覚で行なっていたので、自信をもてなかった。それが自分で嫌だったので、山での医療についてもっと勉強しようという気持ちが強くなったのです。

国際山岳医を目指す！

ネパールでのことがあった少しあと、インドでアジア・太平洋登山医学会があったので、興味をおぼえて行ってみました。そこで国際山岳医制度の存在を知ったのです。その制度を紹介していたのはスイスの先生だったので、「資格を取るための講習は日本人でも受けられますか？」「ドイツ語はできないのですが、英語での講習はありますか？」と聞いてみました。それでイギリスでも講習を受けられることがわかりました。現在は日本でも講習を受けられるようになっていますが、その当時はそれができなかったのでイギリスでの講習を受けようと決めました。「面白そうだからやろう！」と、好奇心でいっぱいでした。

講習が始まるまでに、できるだけ山に登っておきたいと思ったので、その頃から登山のトレーニングを積んでいくようにしました。

講習は一度が一週間で、季節ごとに四回あり、一年間かけて行なわれます。ウェールズに登山研修所があるのでそこで講義や実習が二週間行なわれ、その後はスコットランドの山岳でのレスキュー研修、スイスのアルプスで氷河の山での登山研修がそれぞれ一週間ずつ行なわれます。その合間にも自分なりのトレーニングをしたかったこともあり大野病院を退職しました。他の病院に非常勤で入るアルバイトをしながら、講習の費用と山の遠征費を捻出するようにしていたのです。とにかくお金がなく、「部屋の電気代が残るかどうか？」といったことを常に気にしながら山登りに出かける一年でした。

日本にいるあいだは、地方の病院へ行き月曜の朝から泊まり込みながら金曜まで働き、土日は山に行くなどといった生活をしていたので、他の先生からは「衝撃的な生き方ですね」などと言われていました。

この先どうなるか分からないのは、どんな道を歩んでいてもそうだと思います。その部分で不安はなかったし、病院を辞めたことに後悔はありませんでした。ただ大野病院の患者さんを診られなくなるのは唯一大きな心残りでした。年齢を重ねるにつれて行動力が落ちてきていると感じていましたが、このときには思いついたことを即座に行動に移していけました。大事なのはどれだけ情熱と意志をもてるかなのだと思います。

大学病院を辞めて東京から札幌に行き、札幌でもまた病院を辞めて、山岳医を目指して山登りに励むようになったのですから、私の人生には何度も分岐点があったといえます。ただ、そうしてポイントごとにステージを区切っていく生き方は自分らしい気がしています。

学べるだけ学びたい

国際山岳医制度の存在を知ったときには、「英語での講習はありますか？」と質問しましたが、実際のところ私は英語が得意なわけではありません。座学では理解できないこと、答えられないことが多く、かなりのストレスを溜めていたというのが正直なところでした。せっかく勉強しにきているのに大事なことを聞き逃しているのはものすごくもったいなく感じられ、胃が痛くなる毎日だったのです。

しかし、実習の二週間は、言葉がわからないためのストレスがほとんどなくなり、楽しい日々になりました。アルプスでは、難易度によって三つに分けられたコースを選択できたので、せっかくだからと一番難しいコースを選びました。

イギリスで講習を受けたなかで印象深いのは、講師やコーチの情熱です。いわゆる講義というよりはディスカッションに近いものが多く、単に教えてくれるのではなく、みんなで考えていく。そうしたなかでいろいろなことが訴えかけるようにして語られていました。よほど勉強をして、現場で経験を積み、日頃からさまざまなことを模索していなければ、こうした話し方にはならないだろうと思ったものでした。英語なので聞き取れない部分はありましたが、それでも山で何が大切なのかを私たちに伝えようとする熱い気持ちは十二分に伝わってきました。それによって自分の目指すべきハードルが明らかに高まりました。

受講している生徒には、自主的に緊急医療を学ぼうという目的の人もいれば、自分の勤務している病院に費用を出してもらっている人もいました。誰もができるだけのことを吸収したいという貪欲な学ぶ姿勢をもっていたのがわかりました。そういう人たちに囲まれ、背筋を正される思いがしたものです。

学べるだけのことを学び、それをいかに日本で役立てていくか。単に資格を取ればいいだけではなく、その部分を考え、できる限り頑張っていこうという気持ちになりました。講義で聞き逃してしまった部分をそのままにはしておけないと、講習が終わったあとには自分で勉強をするようにもしていました。

社会における山岳文化の位置付け

高山病や低体温症の予防や応急処置など、山岳医療の基礎的な部分はこの講習で学びました。それがいまの私のベースになっています。しかし、本当に勉強したのは山岳医資格を取得してからです。

遭難に関する訴訟が起きたときにどうするかといったディスカッションなどもありました。救助で失敗したときには刑事訴訟の問題になる可能性も出てきます。それに対しては、「山に登るなら自分で責任をもたなければならない」と言う人もいれば、こんな意見を言う人もいました。

「救助に行く人が安全に活動できるように、社会が支えていくことを考えていく必要があるのではないか」

「山に登る人は、その地域の救助事情や技量もすべてふまえたうえで、それを受容することが大前提である」

山での事故に対して救助隊やツアーガイドが訴えられる裁判は、日本でも起きています。そういう問題に対してもさまざまな見方、捉え方があるわけです。それをぶつけ合うディスカッションに参加したことによって、広い視野をもって柔軟な考え方をするトレーニングを受けられたとも感じています。

日本では事故などが起きれば責任の所在は常に追及されます。しかしヨーロッパでは、もともと冒険を尊重する気質が強いためか、その傾向がそれほど強くない気がします。危険なことでもチャレンジするという選択をした人を英雄視する面もあるからです。

社会の中で山岳文化がどのように位置づけられているかといったことも、それぞれの国で違ってきます。

日本でいえば、かつての山は、狩猟などを行なう生活の場であるとともに、宗教と結びつく聖なる空間でもありました。その一方、標高八一六三メートルのマナスル登頂に世界ではじめて成功したのは日本人であるように（一九五六年、今西壽雄《としお》ら日本山岳会が登頂を達成）、世界の中で挑戦していく先鋭的な登山も古くから行なってきていました。少し前まで日本で登山といえば、およそ先鋭的な登山にフォーカスがあてられていたものです。登山が一気に大衆化してきたのはここ数年といえます。その変化が急だったからこそ現在は、先鋭的な登山だけではなく、急激に増えた一般登山者の安全などについても考えていくべき状況になっています。

国際山岳医の現在とこれから

講習のあとにはペーパーワークがあり、全部で十八本の論文を提出することが義務付けられます。英語で書く必要があり、最初はいい評価が得られませんでした。「こんなものかな」というところで終えていたからです。やがて、一つ一つ全力で取り組み細かいところまで妥協せずに取り組むようにしました。その結果、ようやく良い評価が得られるようになったのです。

国際山岳医の資格はＵＩＡＡ、ＩＣＡＲ、ＩＳＭＭという三つの組織が認定して発行しているものなので、履修すべきプログラムもこれらの組織が共同でつくったものです。私は日本人としてはじめてこの資格を取得しましたが、いまは日本登山医学会による講習と試験を受けることで国際山岳医資格を取得できます。これとは別に学会独自の国内山岳医の認定制度もあります。私も日本の山岳医制度の委員としての活動も行なっています。日本の国際山岳医と国内山岳医はそれぞれ三〇名を超えました。七回のコースに分け、座学と実習が行なわれます。

国際山岳医の理念は「高所医学、山岳医学、旅行医学等に関する高度な医療知識のみならず、山岳環境でのサバイバルやレスキューに関する十分な技術があり、山岳救助関係者と共に活動ができ、万一の場合には、単独で下山できるレベルの登山技術が求められる」とされています。

つまり、山で起こり得る病気の予防と治療ができるだけでなく、いざというときには遭難者を助けられる知識やスキル、体力も求められるということです。

一九九七年にヨーロッパで国際山岳医制度ができ、現在では日本だけではなく、アメリカやカナダでも導入されています。病院の医療を山に持ち込むだけでは助けられない命もあるので、科学に基づく山の専門医療が必要だということが世界の共通認識になってきたわけです。

日本ではまだ山岳医の社会貢献ができていないので、今後実績を積むことで、社会に寄与する資格として活かされて欲しいと願っています。

山岳医として日本で何を行なうか？

国際山岳医として何をしていけばいいのか？

その部分に関してはずいぶん悩みました。日本では知っている人はほとんどいない資格だったので、声をかけられるのを待っているわけにもいかなかったからです。私より先に日本には国際山岳医がいなかったということは、極端にいえばニーズのない仕事だったのだとも言えます。潜在的なニーズはあったのかもしれませんが、既存の受け入れ先はありませんでした。そうであれば、当然、何をやるかは自分で考えなければならないことになります。

海外ではすでにレスキューステーションなど、山岳医が活躍する場所はできつつありましたが、そういうところで働いてみようかという考えにはなりませんでした。せっかく資格を取ったのだから日本に還元したい気持ちが強かったからです。

私は国際山岳医の講習で高山病や低体温症などについての知識を学びました。これからこうした知識がどんどん広まっていけば、それだけ助けられる命は増えていきます。学問はなんでもそうかもしれませんが、先人の苦労や犠牲があって積み上げられた知識を学んだのだとすれば、それをできるだけ多くの人間で共有することで、より大きな意味をもちます。そのために何をやっていけばいいのか、と自分なりに考えました。

資格を取ったあと、一度辞めていた大野病院に戻ることになりました。理事長ご本人から連絡をいただけたのですから、考えてもいないありがたいことでした。それにもかかわらず、私は二つの願いを申し出ました。国際山岳医として自分にやれることを探していこうと思っていたので「非常勤」にしてもらいたい、というのがひとつ。そしてもうひとつとして、大野病院に「登山外来・登山者検診」を設立することを提案したのです。登山外来とは、登山中に病気が発症する事態を未然に防ぐことを目的とした部門です。この当時、日本には他にこうした部門はなかったと思います。理事長は、そのどちらも受け入れてくれたのですから本当に感謝しています。

道警とのパートナーシップ

国際山岳医として自分に何ができるかを模索していた時期に、北海道警察山岳遭難救助隊の指導官Mさんから声をかけてもらったことも大きな転機になりました。「自分は一秒でも早く現場に駆け付けられるように訓練をしてきました。それでも助けられない命があります。救助には医療の力が必要です。ぜひ力を貸してください」とおっしゃったのです。私は背筋が伸びるような思いでその言葉を聞きました。その後、私は道警の山岳遭難救助アドバイザーを務めるようになりました。

アドバイザーとしての役割は名称通りです。常に救助隊と一緒にいられるわけではないので、救助現場で何かあったときなどに連絡をもらい、どのように応急処置をするのがいいかを答えるようにしています。救助に出発する前にある程度の状況がわかれば、現場に何を持っていくのがいいかを提案する場合もあります。

医師が救助現場に行くことは、時間的なロスやコストが発生します。

非常時のやり取りだけに限らず、日頃から技術と知識の交流も進めていきました。たとえば私は、医療技術を、救助隊からは救助の実際を情報交換しました。そうすることで救助と医療が現場で無駄なく合理的に融合するすべを探っています。そのなかで低体温症ラッピングを開発することもできました。こうした活動のなかで、遭難者のみならず救助者自身の安全のためにも、広く救助に関わる人たちに、応急処置などの医療知識を知っていただくのがよいと気づきました。さらに必要のない救助を減らすために、一般登山者がその技能を身につけることが登山の安全の裾野を広げるもっとも近道だと考えました。そのために自分で講習会を立ち上げることにしたのです。

北海道警察航空隊との合同訓練（撮影：大城和恵）

依頼を受けて講習するのとは違い、自分で一歩目から踏み出していくには勇気がいります。人が集まるのかどうかという心配があっただけではなく、ニーズや評価もわからないのでとにかく不安は大きなものでした。

最初のうちはそれこそ試行錯誤の連続でした。そしてこのときにも救助隊の人にはずいぶんお世話になりました。講習会で話そうかどうかと悩んでいる内容を相談すると、「そのことは知っていても現場ではあまり応用しにくいですね」などと率直な意見を聞かせてくれたのです。模擬講習会を開いて参加者にアンケートを取り、「講習のなかで何を学べたことが役立ち、どの要素は必要なかったか」という声を集めることもしました。そうやって「現場ではどんな知識が求められているか」を探りながら、合理的なプログラムをつくっていくことを目指していたのです。

山岳救助と山岳医療のミックス

「先生は最初の人だから、何をやってもいいんです。自分で思うように道をつくっていけばいいんですよ」

私がまだ悩んでいた時期に救助隊の指導官Mさん（前出）がそんなふうに言ってくれたのは、ものすごく大きな勇気になりました。この言葉によって自分の中の迷いを振り切ることもできたのです。ビジョンさえあればやれることはいくらでもあるということに気がつけたともいえます。

講習会の開催に関しても「先生はいいことをしようとしているんです。必ず人は来ますから続けることが大事です」という言葉もかけてもらい、ずいぶん励まされました。

Mさんが、「日本の山岳救助を牽引しているのは北アルプスなんですよ」と話し、北アルプスに勉強しに行くことをそれとなく勧めてくれました。実際に富山県警と長野県警の方を紹介していただき、お話をお聞きしました。そこで北アルプスではどんな遭難が多いかということを教えていただいたことにより、地域性というものに着目するようになりました。

地域によって遭難事故の傾向は変わってくるので、とるべき対策や学んでおくべき要素は変わってきます。たとえば富山県の剱岳は夏の外傷患者が多くなります。剱岳の診療所は、山岳警備隊の派出所が隣接しており、遭難などがあるとそこから隊員が出動します。富山県の国立登山研修所の前所長さんのご縁で診療所で勉強する機会をいただきました。そこで現場での救助の様子を間近で見る貴重な経験ができたのです。

助けられたかもしれない命

「山で、できるだけ多くの人を助けるためにはどうすればいいのか」

救助隊の人たちと私は、そのことを共通の目標としていたからこそ、お互いに相談などをしながらやっていけたのだと思います。

救助隊の指導官Mさん（前出）は救助歴三十五年というすごいキャリアのある人でした。いまでこそ山の現場から離れていますが、「救助隊の歴史を変えた人」だとさえ評されています。山の救助だけではなく水難の救助活動を二十五年、航空隊に八年所属しておられ、陸水空のすべてをご存知です。そのうえで私の提案などにはいつも耳を貸してくださったのです。低体温症ラッピングに関して私が話したその翌日に訓練で試してくれたのでした。ともすれば理論だけで終わってしまってもおかしくないことを立体的にイメージして、すぐに実践に移してくれます。遭難者を救助する際には病院への搬送が基本になります。そこに低体温症ラッピングのような「搬送の際にどのようにすればいいか」という要素を付け加えていけたなら、日本の山岳救助はこれから大きく変わっていけます。

ヨーロッパとアメリカの救助を比べても、それぞれに方法が違う部分もあります。それらのいいとこ取りにも近いかたちでベストの方法を見つけ出そうとしているのが道警の山岳遭難救助隊だといえます。

あるとき、私がまた別のアイデアを話すと、しばし沈黙されたので「やっぱり難しいですか？」と尋ねました。すると「いえいえ、どうしたらできるかを考えていたんです」。また別のときには「この処置を救助隊にお願いすれば、現場で時間がかかりすぎますか？」と聞くと、「時間がかかるのは技術がないからです。早くできるように訓練すればいいんですから、大丈夫ですよ」と返されました。

私が欧米で学んできた医療技術を説明したところ、こうおっしゃったことがあります。

「それを知っていたら、助けられた命があったかもしれない」

ということは、これまでには救えなかった命もあるということです。そういう言葉を瞬時に臆さず、そのまま口にされたことに胸を打たれました。本当に人を助けることにひたすら向き合ってこられたことが私にもわかる言葉でした。自分だったら、このひとことは言えるだろうか。医者の自分はできなかった言い訳を考えてしまうかもしれない。でもMさんの言葉には言い訳が何もありませんでした。

山岳医一年生の私を導いてくれたMさんには、感謝の言葉もありません。

山岳医としての模索と発信

国際山岳医として何をしていけばいいかについては、いまも模索を続けています。

「日本人初」「女性」という点を強調される場合があり、やりづらく感じることや多少不愉快なことを耳にすることもありました。それらはなるべく気にしないようにし、自分の本来やりたいことに集中するようにしています。

現在私は、病院での心臓疾患の診察、登山外来、救急医療、山岳医療をそれぞれこなしながら講習会の開催や講演活動を行なっています。また「山岳医療情報」というサイトを運営し、科学に基づく山の医療情報を無料で閲覧できるようにしています。ここでは登山者だけでなく医療関係者、救助関係者にとっても役立つ情報を発信していきたいと思っています。

起きた遭難に駆けつけるより、まず遭難を減らす

医者の仕事は病院内で完結することが多いのですが、その点で山岳医は少し違います。登山者や救助隊、山岳会、ガイド関係の方など、さまざまな世界の人と関わりあうことが増えました。私の知らなかった職種の人達から、さまざまな話を聞かせていただき、私にとっては貴重な社会勉強になっています。

「起きた遭難に駆けつけるだけでは、遭難は減らない」
「誰かにとっていいことをするというより、みんなにとっていいことをしたい」

私はよくそんな言い方をします。救助隊の方はさらにその気持ちが強いので、一緒に予防活動を行なっています。

山での脱水は大敵なので、登山口で私が提供していただいた経口補水液の配布を手伝ってもらったり、山頂では下山時に足の捻挫《ねんざ》を防ぐため登山者に足首のテーピングをしてもらったりしています。

予防ができれば救助隊が出る幕はなくなり、それが登山者にとっては一番良いことですね。それが一番です。

「登山外来」の現在

大野病院に「登山外来・登山者検診」を開設することを提案したのも、まさに予防のためでした。

これまで心疾患の患者さんを多く診てきていたうえに山の遭難でも心疾患が多いのをあらためて知ったことから、両者を結びつける登山外来の開設を思いつきました。

登山外来では、登山中のトラブルを起こしやすい異常がないかを調べる検査を行なうことがメインになっています。

検査には基本コースと充実コースがあります。

前者は、一般的な健康診断と大きくは異なりません。血液・尿検査、レントゲン、心電図検査、肺活量検査を行ないます。後者は、狭心症のリスクを積極的に調べるため、心臓超音波、運動負荷検査、さらに心肺運動負荷試験を行ない、心臓に優しいペースを測定します。心臓の異常が疑われれば、当院では心臓のＣＴと心臓シンチを追加します。

単に「ふだん平地を歩いているときの半分くらいのペースにしたほうがいいですよ」と話すのにくらべ、「検査の結果、あなたの場合は脈拍が一二〇を超えた時点から乳酸が溜まることが数値で示されています。脈拍一二〇以下で登りましょう」と説明できれば説得力が違ってきます。目の前に客観的な数値を出すと、自己管理がしやすくなります。

余談ですが、中高年の人のなかには、転んで頭を打って脳震盪《のうしんとう》を起こしていながら、それを認めず登山を続けようとする人もいます。「おっしゃっていることが支離滅裂で、おかしいですよ」と言っても、「私は大丈夫です」と返してきます。こうした場合には、目をつぶって片足立ちをするバランステストをしてもらうと、みなよろけてしまいます。本人に異常があることを自覚させるのもひとつの方法です。

数値を見せられると納得せざるを得なくなるのと同じです。分かりやすく示せることは説得材料になるものです。

未然に遭難をふせぐということ

登山者検診には、ずっと山登りをしていた人が「最近、胸がドキドキするようになったから」という理由で来られることもあります。また、以前に運動負荷検査を受けていた人がその後にトレーニングを続けて、その成果を確認するため二年後にもう一度、来ることもあります。

ある患者さんは心臓の血管に動脈硬化を表すプラーク（コレステロールの塊）がありました。心臓に優しいペースを測定し、それを守って登山を続けました。二年後、もう一度検査をすると、プラークは消えていました。登山は健康増進だけでなく、病気の治療にも役に立ったのです。

しかし、「初めて登山をすることにしたから検査をお願いします」という人はいまのところ多くはありません。また、日本の山を始め海外登山も身近になってきています。定年退職した時間に余裕のある世代の方々も増えています。そういう方も来ていただきたいと思っています。

登山外来は、一般の疾患以外にも高山病や凍傷など、皆さんが行かれる山の特徴を理解した上でのアドバイスもできます。

オンオフにかかわらず、山では医者というと何かと声をかけられます。一度、ヒマラヤ山脈のマナスルで、ひどい靴擦れで皮が剝《む》けて化膿《かのう》してしまった中年の女性に出会いました。できる治療はしたものの治るまでには時間がかかるので、それ以上登るのはとても無理な状態でした。

そのことを話すと、「でも私は、二百万円も払って来たんだから、ここでやめるわけにはいかない」とのこと。そこまで来ていれば、なかなかあきらめられない気持ちはわかります。最後は引き返していきましたが。

第5章　エベレスト登頂と下山——三浦雄一郎氏が教えてくれたこと

メタボからスタートした「世界の登山家」

二〇一三年、三浦雄一郎さんが八十歳でエベレスト登頂に成功した際、私はチーム・ドクターとして遠征に同行しました。

いまさら詳しく解説するまでもないかもしれませんが、三浦さんはプロスキーヤーであり登山家、冒険家です。一九七〇年にエベレストの標高八〇〇〇メートル地点からスキー滑降に成功し、世界にその名が知られるようになりました。その後には、エベレストだけではなく世界七大陸の最高峰すべてからスキー滑降を成功させています。そして七十歳だった二〇〇三年、七十五歳だった二〇〇八年と、節目ごとにエベレスト登頂を果たし、二〇一三年には八十歳での世界最高齢登頂に挑むことになったのです。

このときのことは拙著『三浦雄一郎の肉体と心』（講談社＋α新書）にもまとめていますが、一般の登山者や中高年の登山者の参考になる部分も多いはずなので、ここでもあらためてその道のりを振り返っておくことにします。

チーム・ドクターの件について正式な要請があったのは挑戦前年の二〇一二年二月のことでした。その後、私が勤務している心臓血管センター北海道大野病院の承諾も得られて、話がまとまりました。人間の可能性、あるいは限界へのチャレンジをサポートできるという意味でもこれ以上ないほど光栄な話です。そのすべてが自分にとっての勉強になるだろうとも思っていました。

三浦さんのような超人のエベレスト登頂は、一般の登山者とは関係ない別次元の話ではないかと思われる人もいるかもしれませんが、そうではありません。華々しい活躍をされていた三浦さんも、六十五歳の頃には北海道の自宅近くにある五〇〇メートルほどの低い山を登るのにも息が切れるようになっていたのです。ご自分で本にも書かれていますが、高血圧、高血糖で不整脈をもつメタボなおじさんになっていながら、食事法や運動法を見直し、エベレストを登れるまでに体を整えられたのです。

この頃三浦さんは五年刻みで記録に挑戦していました。一度エベレストに登ったあとは三年ほどゆっくりして、次の挑戦の二年ほど前から再始動していきます。私が初めてお目にかかった二〇一二年の五月は、ちょうど体を休めている時期でした。高血圧、脂質異常症、狭心症、不整脈、白内障と診断され、もともとの筋肉質も手伝い、身長一六四センチ、体重八五キロという、マッチョなメタボ体型だったのです。

予備遠征で確認された不整脈

二〇一二年の十月には、翌年のエベレスト登頂を前にしたロブチェ東峰への予備遠征を行ないました。

エベレスト登頂を目指す際、そのベースキャンプに向かうルートの途中にはロブチェという宿泊地があります（標高は四九四〇メートル）。そこから少し離れたところにロブチェ東峰があります。標高は六一一九メートルです。ベースキャンプに入る前にここに登頂して高度順応するのが一般的なパターンです。予備遠征には、このロブチェ東峰を選びました。

この予備遠征の2か月前、富山県にある剱岳を登りました。この時に三浦さんが不整脈発作を自覚し、何度か行動ができないことがありました。この不整脈がどんなものか確認する為に、剱岳から戻り、心電図を装着して低酸素室で運動をしました。時々、不整脈がみられましたが、発作には至らず、剱岳で起こった不整脈発作を再現することはできませんでした。いくら低酸素室の中といえども、日単位で行なう登山時の状態を、同じ様には再現できなかったのです。この検査で発作が認められないことが、実際の登山での安全を保証するものではありません。いざエベレスト登頂を目指している本番で発作が出てしまえば登頂できないどころか、氷の壁で発作に見舞われれば非常に危険です。そこで、不整脈の評価を目的にロブチェ東峰への予備遠征を行ないました。エベレスト遠征は翌年三月に出発して五月末に登頂を果たすスケジュールでしたので、予備遠征のあと、治療が必要であれば、ギリギリ間に合わせようと考えていました。

この予備遠征では、ネパールのエベレスト街道の登山口であるルクラ（標高二八四〇メートル）から徐々に高度を上げていき十日ほどかけてロブチェに入る予定でした。そこからロブチェ東峰を目指していくはずでしたが、ルクラを出て四日目、標高三〇〇〇メートルに達したあたりで、三浦さんが動悸《どうき》を訴え、立ち止まりました。出発時から装着していた心拍数のモニターを確認すると、心拍数は一六〇回／分と速くなっており、心電図は不整脈発作を示していました。

幸い五分も休養をとるとおさまりました。予備遠征では、不整脈もさることながら、体力評価も行ないたかったため、隊は様子を見ながら少しずつ先へと進むこととしました。多い日は一日三回の不整脈発作を認めたのですが、発作が全く無い日が続きました。しかし、最後のキャンプを目前に、標高五二〇〇メートルあたり、あと二日で登頂というところまで来て、また不整脈発作が現れました。ここで無理をする必要はありません。このままでは本番のエベレスト登頂でも不整脈を起こす可能性が高く、早く帰国して治療する必要がある、ということが確認できただけで予備遠征としては大きな成果です。私は、「今回の目的はエベレスト登頂ですので、早く帰国して治療を行ないましょう。ロブチェは登頂せず、下山を始めましょう」と、引き返す提案をしました。

三浦さんは「では、そうしよう」と、すぐに下山を決断しました。この迷わず即断される三浦さんの合理的なところが、さすがだと思いました。予備遠征とはいえ、そこまで行ったのであれば登頂したい気持ちになるのが普通です。しかし三浦さんは、それよりも本番に向けてどうすることが最善の選択になるかを冷静に考える方でした。三浦さんはとにかく目標を達成しようとする意識が高い人です。エベレスト登頂が真の目標だからこそ、ロブチェ東峰の登頂にはこだわらなかった。理屈として優先順位はわかっていても、なかなか割り切れない人もいますが、三浦さんはそこで迷うことがないのです。

手術と出発

帰国してからは、不整脈の主治医のもとでカテーテルアブレーションという手術を二度行ないました。この手術では、足の付け根などから動脈内にカテーテルを通して心臓の患部に高周波電流を流して焼き切ります。

ロブチェへの予備遠征から帰国して手術をしたあとは、トレーニングらしいトレーニングはできませんでした。ギリギリで治療を間に合わせて本番の遠征に臨んだといえます。エベレストは、気象条件が許される春か秋に登ります。春であれば五月末までが限界に近く、それ以上暖かくなると、雪が溶け出してしまいます。そのため三月には現地に入っておく必要があります。

だからといって、一か八かの無理をしたわけではありません。カテーテルアブレーションの手術を行なってくれた先生もしかり、三浦さんには主治医といえる何名もの名医がついています。その先生たちにお墨付きをもらいエベレスト登頂にチャレンジしてもいいと判断されました。

また、なんとかスケジュールに間に合わせたといっても、ぶっつけ本番になるわけではありません。ルクラから標高五三五〇メートル地点にあるベースキャンプまでの道のりがそのままトレーニングになります。そのあいだに高度順応しながら体を慣らしていくことができるのです。

ベースキャンプに行くまでも、「年寄りの半日仕事」と名付けていたほど余裕のあるスケジュールを組み、できるだけゆっくりと標高をあげていくようにしていたというのは前述したとおりです。

ロブチェから帰国して、三浦さんはしばしば「八十歳らしい山登りをしたい」と口にするようになりました。つい五年前のエベレストに成功した自分の体力さえも過信していませんでした。そのゆとりのある客観的な考え方こそが遠征を成功に導いた最大のポイントです。医師からみても望ましい考え方です。

参考のために書いておけば、ロブチェ東峰で三浦さんに不整脈が出たときは、それと前後して虫歯が悪化していました。虫歯があれば、食欲が落ちて体調もすぐれなくなるし、血圧が上がることもあります。そのことと不整脈との因果関係はわかりませんが、いい影響を与えないのは確かです。トレーニング遠征からの帰国後に、三浦さんは虫歯の治療もしっかりしていました。

少しでも不安材料をなくしておくことは大切です。虫歯に限らず、風邪気味、下痢、寝不足といった不調があれば、それだけでも事故につながりやすいので、一般の登山であっても注意は必要です。

心筋梗塞や脳梗塞を防ぐために

三浦さんは薬嫌いです。エベレスト遠征のお墨付きは、薬をのむことが大前提でしたが、それもやめていました。それを私にそっと打ち明けてくれました。遠征中は血圧の薬だけはなんとか飲んでもらいました。

　登りの際も下山時もどちらも、とにかく定期的な水分補給を徹底してもらいました。私は通常の登山でも三十分おきに水分を補給することを勧めています。最低でも一時間ほど歩いたなら休憩して水分補給をしておく必要がありますが、三浦さんには三十分おきに二〇〇ミリリットルの水分補給を徹底してもらいました。標高が上がると、空気が乾燥します。また、呼吸が荒くなるので吐く息から水分が排出されやすくなり、汗をかけばやはり水分が出ていきます。登山ではとにかく脱水症状にならないように気をつける必要があるのです。高度が上がればなおさらです。血液中の水分が減ってドロドロになると、脳梗塞《のうこうそく》や心筋梗塞を起こしやすくなりますので、水分補給はとても大切です。

　この三十分おきの水分補給は予備遠征から開始していました。しかし最初は、あまり水を飲みたがりませんでした。必要性をそれとなく話していくうちに、エベレスト遠征の時は自分から飲むようになっていました。登山中に水を飲むという習慣は一朝一夕ではできません。三浦さんはトレーニングで身につけたのです。二〇一六年春に、八十五歳への挑戦に向け、また三浦さんとヒマラヤに行きました。三浦さんはひとりで散歩に出掛けてしまったのですが、心配して探しに行くと水筒を手に持って歩いていました。私のような者がこう言うのもなんですが、その姿はひとことで言うと〝かわいらしい〟ものでした。

スケジュールを見直す意味

ベースキャンプまでのスケジュールをできるだけゆったりと組んだだけではなく、ベースキャンプからエベレスト登頂を目指す最終段階のルートも見直しました。

ベースキャンプとなっている場所は、川のほとりに広がる平地です。エベレスト登頂を目指すチームが増える四、五月には世界各国からチームがやってきてキャンプを張ります。数百人が集まる、小さな村にも近い状況です。そこが拠点となるので、食事やミーティングを行なう「ダイニングテント」、寝泊まりする「パーソナルテント」、衛星アンテナなどを設置した「通信テント」、トイレやシャワーがある「トイレテント」、診察や読書などに使う「医療テント」などを設置します。そこに一か月ほど滞在して高度順応します。

ベースキャンプは標高五三五〇メートルにあり、次にはC1（標高六〇五〇メートル）、C2（標高六五〇〇メートル）、C3（標高七〇〇〇メートル）、C3′（標高七五三〇メートル）、C4（標高七九八〇メートル）、C5（標高八五〇〇メートル）というキャンプを順番に目指していくことになります。

通常のエベレスト登頂ではC1、C2、C3、C4という四つのキャンプを張ります。このときは三浦さんの年齢を配慮してC3′とC5を付け加えました。これによって、一日に使う体力は減らせますが、日程が長くなる分、低酸素にさらされる期間が長くなります。さらに八〇〇〇メートルの山で天気の良い日が一週間続くということはそうそうありません。それでも体力温存を一番の優先事項にしてキャンプ増設を実施しました。

ベースキャンプ滞在中は、通常エベレストのアタック前にC1やC2、ベースキャンプの西方にあるプモリ（標高五九〇〇メートル）に登り、ベースキャンプに戻る行程を繰り返します。こうして体を高所に慣らしていくわけですが、このときはC1やC2へ登ることはやめ、プモリの二回だけに絞ったのです。

なぜなら、Ｃ１やＣ２は途中のキャンプ地点といっても、アイゼンのついた重い靴を履いてアイスフォール（氷河が堆積したエリア）を登っていかなければならない場所です。トレーニングとして登り下りをするといってもリスクは高いうえ過酷なものです。それにくらべてプモリは、トレッキングシューズで登れるので、なによりリスクが低く、体への負担も抑えることができます。

最強のチーム

どのような方法を選ぶにしても、メリットがあればデメリットもあるものです。状況に応じて何がベストなのかは、その時々で判断していくしかありません。

出発前に組んでいたスケジュールに従うことがすべてではないのが登山です。

とくに気候によって状況はずいぶん変わります。一般の登山であっても、天候次第でスケジュールを組み直す必要はありますが、エベレスト登頂の成否は天候の変化に大きく左右されます。

こうした作戦変更をするうえでは、登攀《とうはん》リーダーの倉岡裕之ガイドの適切な判断によるところが大きかったといえます。

チームは、三浦さんと倉岡さん、副隊長となる三浦さんの次男の豪太さん、通信・気象担当となる三浦さんの長男の雄大さん、カメラマンの平出和也さん、マネージャーの五十嵐和哉さん、後方支援・現地コーディネートの貫田宗男さん、登攀サポートの三戸呂拓也さんに私を入れての九人がメインとなります。一人ひとりがそれぞれの分野のプロフェッショナルです。これは、三浦さんご自身が自分の体力、年齢、技術を的確に判断したからこそできた最強の編成です。現地サポートスタッフを入れると約三〇名。経験豊富なエキスパートが揃った本当に心強いチームでした。

デスゾーンを越えて山頂へ！

ベースキャンプを出発したあとは、その日のうちにＣ１に着き、翌日はＣ２に着きました。このＣ２は太陽に照りつけられやすい場所であり、過去には気温五八度を記録したこともあります。ただ、このときは雲が多く、気温がそれほど上がらなかったので体力の消耗は避けられました。

当初はＣ２に二日ほど滞在する予定でしたが、ここでの休息は一日に短縮しました。気象情報から考えると登頂を目指すのを一日でも早めたほうがいいと判断されたので、その一日を捻出するためです。

一日の休養後、三浦さんたちはＣ３へ向けて出発しますが、私と登攀サポートの三戸呂さんはＣ２にとどまりました。そこからあとは無線を通じて三浦さんとやり取りし、体調面の確認などをしていくことになっていたのです。通信・気象担当の雄大さんやコーディネーターの貫田さんはベースキャンプにとどまっており、登頂を目指していくのは三浦さんと豪太さん、登攀リーダーの倉岡さん、カメラマンの平出さんの四人です。チームメンバーのほかにはテントや食料の荷揚げを手伝ってもらうため、選りすぐりのシェルパに同行してもらいました。シェルパとは、ヒマラヤ登山をサポートしてくれる現地の人たちです。

チーム・ドクターだからといって山頂まで同行するわけではありません。登頂を目指す人間が一人でも増えれば、それだけ荷物も増えるし経費もかかります。そこから先、医師にできることは限られるので、C2に待機してアドバイザー的役割を務めるようにするということは早い段階から決められていました。

C2を五月十九日の午前九時半に出発した三浦さんたちは午後二時に無事にC3に着いたという連絡をくれました。三浦さんの体調も良好だと聞き、ひと安心できました。そこでも、とにかくたっぷり水分補給をするようにと指示しました。そこから先のアタックでは、常に酸素マスクを着け、命綱につながりながら氷壁や雪上を一歩一歩、移動します。水を飲むために酸素マスクを外すこともままならなくなるので、出発前、キャンプに到着した際には、十分な水分補給をしておく必要があります。

標高八〇〇〇メートルは「デスゾーン」といわれ、人の住む世界ではありません。C2で連絡を待っているあいだは不安もありました。

C3から先も難所が続きますが、無事に五月二十一日にC4に着き、翌二十二日にはC5に到着しました。C4からC5へのルートでは過去に多くの登山家が命を落としています。その難関も慎重に進んで、なんとか乗り越えられました。

Ｃ４からは一気に登頂を目指すのが一般的ですが、このときはＣ５で一泊をとりました。午後二時二十分にＣ５に着き、早めの夕食のあと午後六時に就寝、夜中の十二時に起きて、午前二時から山頂へのアタックを開始したのです。

登頂を果たしたのは五月二十三日の午前九時ちょうどでした。Ｃ５を出発したあと、私たちは無線での連絡を待つだけでした。私たちにとっても長い七時間でした。Ｃ２には他のチームの登山家も何人か集まっていたので、三浦さんたちから登頂成功を知らせる第一報が入ったときにはテント内に歓声が沸き上がりました。

八十歳でのエベレスト登頂です！

三浦さんと初めて会ってからはちょうど一年が過ぎていました。

下山時に起きたトラブル

登頂に成功したからといって安心はできません。事故の大半は下山時に起こるものだからです。そして実際に、このとき三浦さんの体には異変が起きていました。

九時五十分に下山を開始して、C5に着いたのは午後三時頃でした。予定よりもずいぶん時間がかかっていたのです。そして豪太さんからの無線連絡が入ると、三浦さんがフラフラになっていて、「五分も歩くと立っていられなくなる」と伝えられました。脳浮腫《のうふしゅ》の症状である意識障害が出ていないかを確かめたかったので、「三浦さんが、自分の人差し指で自分の鼻を触れるかどうか試してもらってください」と言いました。「できた」ということだったので、ひとまず安心しました。簡単なチェック方法ですが、意識障害が出ていると、それもうまくできなくなるのです。また、「胸が痛い、苦しいといった症状はない」とのことだったので、心筋梗塞の疑いも低くなりました。「朝の二時から一度も排泄《はいせつ》をしていない」ともいうので、脱水症状と低血糖状態になっているのに加えて、酸素不足でふらふらになっているのだろうと考えられました。山頂に立ったという記録をしっかりと残すために酸素マスクを外して撮影する時間を長く取っていたそうなのです。気遣い屋の三浦さんは、スポンサーの皆さんなどにも喜んでもらおうと思って、いろいろな写真を撮っていたのです。

標高八五〇〇メートルのC5で行なえる処置はほとんどないので、「水分を二リットトル摂ってください」と指示しましたが、正直なところ、それは難しいだろうと思っていました。胃袋も酸欠状態になっているはずなので、普通はそれだけの水を飲むことはできないものだからです。

三浦さんという超人

三浦さんが水を飲んでくれるかどうかと心配していると、比較的すぐに三浦さんが一・五リットルの水分を摂り、パンケーキをむしゃむしゃ食べているという連絡が入りました。それには本当に驚きました。それができたということからも、三浦さんが超人的に高所に強い体質であるのがわかります。

往路においてベースキャンプに向けて少しずつ標高を上げていた段階でも、チームのメンバーのなかでは高山病の症状が出かかったり、風邪を引いたり下痢をするなど体調を崩す人たちが現れていました。そのときにも三浦さんは誰よりも元気で、体調を崩すことがほとんどなかったのです。

ところで、三浦さんの登頂成功を裏付ける要因を私はもう一つ知っています。三浦さんは高所で無駄なことを考えません。これがすばらしいのです。なぜなら、体内で脳はもっとも酸素を消費する器官です。考え事をすると酸素を消費するのです。その点、三浦さんはいつでもどこでも大変な楽天家で、明るく陽気です。無駄な考え事をしないので高所にも強いのだと私は密《ひそ》かに分析しています。

標高八〇〇〇メートル付近での三十時間！

登山時とは違い、下山時はC５で一泊しないスケジュールになっていました。三浦さんの様子がおかしかったので、豪太さんたちは予定を変更してC５で一泊することも検討したといいますが、結局、予定どおりそのまま下山を続けています。

下山の際には慌てないのが大切だとはいえ、ゆっくり構えていることが常に最善策になるわけではありません。これだけの高所になると、そこにいる時間が長くなるほど体力は消耗していくものなので、不要な滞在はできるだけ避けるようにすべきなのです。

このときは倉岡さんと豪太さんにサポートをしてもらいながら、そのままＣ４まで下りました。

Ｃ４への到着が日没間際の午後七時頃になりました。登頂を開始したのが午前二時だったのですから、約十七時間、標高八〇〇〇メートルを超える場所で登山と下山を続けていたことになります。年寄りの半日仕事と呼ばれるスケジュールを組むことに始まり、できるだけ体力の温存を図りながら登頂を果たしたとはいえ、八十歳の体で通常できることではありません。

下山を待つあいだ、三浦さんの体調が気がかりでしたが、酸素マスクを外して衛星携帯で話をするのは大変な作業です。なにかあれば連絡が来るだろうと待っていました。

Ｃ４にたどり着いたときに三浦さんは、水分補給をする力もなくしていて、そのまま寝袋に潜り込んで眠ってしまったそうです。できれば水分補給だけはしてほしかったところですが、それだけ疲れ切っていたと容易に想像できます。

それでも翌朝、目を覚ました三浦さんは、水をたっぷり飲んで、カレーやケーキなどを食べたというからやはり驚かされます。

その日は、標高七九八〇メートルのC4から標高六五〇〇メートルのC2まで一気に下りることになっています。C2は私たちがいる地点です。

C4を出発したのが午前十時半で、C2到着は午後十一時半になりました。十三時間をかけた下山です。前日の十七時間に続いての十三時間だったのですから、この三十時間で体力のすべては搾り取られたはずです。

氷壁に張られたフィックスロープ（固定ロープ）をつたって下りてきたのですが、豪太さんが「尺取虫のよう」と表現するほど消耗しきっていました。

「生きる選択」としてのヘリコプター下山

「やっと帰ってきたよ……」

C2にたどり着き、そう呟いた三浦さんに私は思わず抱きつきました。

私たち登山者はみんな、こうした場面で自然に抱き合い、「よかった、よかった」という気持ちを表現します。しかしこのときは、強く抱きしめたりすれば、壊れてしまうのではないかと思われるほど、三浦さんは憔悴《しょうすい》しきっていました。立っていられるのも不思議なほどの状態だったのです。

私は、Ｃ２からベースキャンプまではヘリコプター下山を考えていました。ベースキャンプまでのあいだにはアイスフォールが立ちふさがっています。気温が上がりだしたこの時季は氷が溶けやすく、崩落の危険が高まります。実際にすでにアイスフォールの一部が崩落したという情報は入っていました。

より安全に下山するには、直射日光がアイスフォールを照りつける時間の下山を避けなければなりません。午前五時頃にＣ２を出発して午前十時くらいまでにベースキャンプに着ければいいのですが、三浦さんのコンディションではもう少し時間がかかりそうだと予測しました。万が一アイスフォール通過中に崩落に遭うと、全員が生き埋めにもなりかねません。

三浦さんは、時間をかければベースキャンプまで歩いて下りる体力は残っていました。また、最高齢登頂という記録を塗り替えたのでベースキャンプまで自分の足で歩くという使命を負っていました。しかし、リスクは高いと判断し、私はヘリコプターでの下山を支持しました。

死ぬこと以上に悪い結果はない

この選択は私一人で決められることではなかったのはもちろんです。

三浦さんは「これが最後のエベレスト登頂になるだろうから、最後のアイスフォールは自分で下りたい」と口にしていたそうです。それを聞いていた豪太さんもそんな三浦さんをなんとか支えたいと考えていました。しかし私は医師として「もう十分じゃないですか」と豪太さんに進言しました。豪太さんは判断に迷っていたので、「もし命を失うことになったら何の意味もないでしょう」と話しました。

苦渋の決断だったと思います。豪太さんも理解し、三浦さんと話されました。すると三浦さんは、「わかった。それならヘリコプターで下山しよう」と迷わず答えました。

このあたりが本当に三浦さんのすごいところです。そこで無理を貫こうとすれば、自分だけでなくチームみんなの命にかかわります。そこまで考えたうえでの決断だったのだと思います。

ヘリコプターがＣ２に来たのは翌々朝になり、三浦さんは下山しました。そしてこの日、実際にアイスフォールの崩落があったのです。自力で下りていた場合、それに巻き込まれたかどうかはわかりませんが、いま振り返っても、この決断は正しかったと思っています。

今日、死ぬ必要はない——。

そういうスタンスを貫けるかどうかによって、山での生死は左右されます。私の進言が、批判の対象となりうることは最初から覚悟していました。しかし、死ぬこと以上に悪い結果はありません。私は山岳医としてこの進言に一分《いちぶ》の迷いもありませんでした。

山の医療のリスクマネジメント

高所で使う酸素マスクは進化をとげ、リザーバー（酸素を溜めるポケット）が大きいけれど壊れやすいタイプと、リザーバーが小さいけれど丈夫なタイプがあります。医師の立場でいえば壊れる可能性のあるマスクなどはそもそも医療器具としては認められません。あるとき、前者を使いたいというクライマーがいました。私は「壊れるかもしれないものを選ぶのは医療のマネジメントとして考えられない」と言うと、「自分は壊さない自信がある。酸素をたくさん吸って早く登って早く帰ってくることができる。山のリスクと酸素マスクのリスクを比較すると、自分は山のリスクのほうが高いと考えている。だからリザーバーの大きいほうを使う」というのです。私はその言葉にはっとしました。何をリスクととるかという考え方は、病院と山とでは違うとあらためて実感しました。

山で吸入する酸素の量は、病院と違い、残量を計算しながら使います。

酸素吸入に関していえば、高山病というと酸素吸入をすれば、症状はラクになると皆さん考えます。しかし私は富士山の診療所で酸素はほとんど使いません。もちろん投与すれば症状はラクになりますが、努力呼吸を指導し、自分で体調を管理しながら登ることを指導しています。私は、診療所は自立した登山者の育成をお手伝いする場所と考え

リザーバーが大きいが壊れやすいマスク（上）と
リザーバーはやや小さいが壊れにくいマスク（下）

ているからです。

エベレストのベースキャンプ滞在中の高度順応で三浦さんはＣ１やＣ２には行かず、プモリに行くだけにしたわけですが、その際、私も他のメンバーとＣ３まで往復して体を慣らしました。とくに登攀リーダーの倉岡さんは念入りに行なっていました。なぜなら、「万が一酸素が足りなくなったときには、自分の酸素を三浦さんに使ってもらおう」と考えていたからです。実際のところ、倉岡さんをはじめ、メンバーみんながそうして体を慣らしていたからこそ、三浦さんの下山をサポートできたのでしょう。

生きようとする健気さ

三浦さんのエベレスト登頂に同行できたことは私にとっては本当に大きな経験でした。準備期間から長い時間をかけたプロジェクトでした。そのなかでも一番印象に残っているのは、Ｃ２まで自分の足で下りてきたときの三浦さんの姿です。体力が消耗しきっていながらも「やっと帰ってきたよ……」と振り絞るような声で呟いた三浦さんは、生きようとする健気な気丈さにあふれていました。

この人は本当に生き抜くために歩いてきたんだなあ――。

そう思いました。

家族のため、自分を支えてくれている大事な仲間のために、生き延びなければならない。その気持ちの強さこそが三浦さんを動かしていたのではないか、と感じられたのです。

このときの登頂を通して、三浦さんが家族や仲間を大事にされる方であることを強く感じました。たとえばキャンプの食事でみんなが集まる際、誰か一人でも欠けていると、「彼はどこに行ったんだ？」と確かめます。一日三食必ずそうして、みんなが揃って食事をするようにしていました。

一般的な遠征隊では、メンバーそれぞれに役割があります。「自分も登頂部隊に入りたい」という気持ちが湧くのが自然ですが、三浦さんのチームにはそれがありませんでした。三浦さんをお頭とし、チームのみんなが家族のように一丸となっていました。こんなに居心地がよく楽しいチームはほかにありません。

新たなチャレンジに向けて

エベレスト登頂を終えカトマンズの記者会見で三浦さんは、次の目標を聞かれてこう答えていました。

「八十五歳になったら、チョ・オユーの山頂からスキーで滑ってみたい」

チョ・オユーはエベレストと同じヒマラヤ山脈の一部で、標高は八二〇一メートルです。同じ八〇〇〇メートル台であっても、標高八八四八メートルのエベレストにくらべれば標高は低くなるので、八十五歳でもその挑戦は不可能ではないかもしれません。エベレストから戻って以来、三浦さんは時々、大野病院を受診しています。

二〇一八年に向けてのチャレンジがすでに始まりました。生きて帰るために、可能性と限界を適切にみきわめること、これこそが三浦さんを含むチーム全体のチャレンジであると思っています。

おわりに――あとがきにかえて

最近知った言葉に「恩送り」という言葉があります。これは、親や先祖、人生の先輩から受けた恩を、その人に返すのではなく、別の人や次世代に返すことを表す日本の美しい言葉です。

イギリスで山岳医の資格を取得はしたものの、未熟な新米山岳医だった私を、救助隊、登山者、遠征隊、三浦さん、多くの方が育ててくださいました。

本書を通して、私の学んだことがひとりでも多くの方に届き、無事に山から帰ってくるための一助にしていただければと願っています。

山岳遭難は減らせます。登山をする人、その環境もずいぶん変わりました。時代の変化に対応し、安全な登山文化の発展を築くことが私の恩送りになりますよう、いっそう注力したいと思っています。

最後に、本書を出版するにあたり、内池久貴さん、大平一枝さん、株式会社KADOKAWAの菊地悟さんに聡明で辛抱強く温かいお力添えを戴きましたこと、心より感謝申し上げます。

大城　和恵

大城和恵（おおしろ・かずえ）

医学博士。長野県出身。日本大学医学部卒。大学病院勤務を経て2002年札幌へ移転。心臓血管センター北海道大野病院に勤務。2010年9月国際山岳医 UK Diploma in Mountain Medicine（UIAA［国際山岳連盟］／ICAR［国際山岳救助協議会］／ISMM［国際登山医学会］認定）日本人初の取得、英国Leicester大学山岳医療修士取得。同年12月心臓血管センター北海道大野病院附属 駅前クリニックにて登山外来開始。11年5月北海道警察山岳遭難救助アドバイザー医師に就任。15年9月Wilderness Medical Society（US）- Fellow of the Academy of Wilderness Medicine 日本人初の取得。現在、日本登山医学会理事・山岳ファーストエイド委員長・認定山岳医委員兼講師。著書に『三浦雄一郎の肉体と心 80歳でエベレストに登る7つの秘密』（講談社＋α新書）がある。

図版作成／Zapp!

登《と》山《ざん》外《がい》来《らい》へようこそ

大《おお》城《しろ》和《かず》恵《え》

2016年 8 月 10 日　初版発行
2024年 12 月 5 日　5版発行

◆◇◇

発行者　山下直久
発　行　株式会社KADOKAWA
〒102-8177　東京都千代田区富士見2-13-3
電話　0570-002-301（ナビダイヤル）

編集協力　内池久貴、大平一枝
装 丁 者　緒方修一（ラーフイン・ワークショップ）
ロゴデザイン　good design company
オビデザイン　Zapp!　白金正之
印 刷 所　株式会社KADOKAWA
製 本 所　株式会社KADOKAWA

角川新書

ISBN978-4-04-082073-6 C0295

KADOKAWAの新書 好評既刊

9条は戦争条項になった

小林よしのり

集団的自衛権の行使を容認する安保法制が成立し、憲法9条は戦争条項となった。立憲主義がないがしろにされるなか、国民はここからどこに向かうべきか。議論と覚悟なくして従米から逃れる道はないと説く警告の書。

気まずい空気をほぐす話し方

福田　健

「苦手な上司」「苦手な取引先」「苦手な部下」「苦手なお客様」「苦手なご近所さん」等々、苦手な相手とのコミュニケーションでは、「気まずい空気」になりがちだ。その「いや〜な感じ」をほぐす方法を具体例で示す。

里山産業論

「食の戦略」が六次産業を超える

金丸弘美

「食の戦略」で人も地域も社会も豊かになる！　地域のブランディングを成立させ、お金も地元に落とせるのは補助金でも工場でもなく、その地の〝食文化〟である。それが雇用も生む。ロングセラー『田舎力』の著者が放つ、新産業論。

決定版　上司の心得

佐々木常夫

著者が長い会社人生の中で培ってきたリーダー論をこの一冊に集約。孤独に耐え、時に理不尽な思いをしながらも、勇気と希望を与え続ける存在であるために、心に刻んでおくべきこととは？　繰り返し読みたい「上司のための教科書」。

文系学部解体

室井　尚

文部科学省から国立大学へ要請された「文系学部・学科の縮小や廃止」は、文系軽視と批判を呼んだ。考える力を養う場だった大学は、なぜ職業訓練校化したのか。学科の廃止を告げられながらも、教育の場に希望を見出す大学教授による書。

KADOKAWAの新書 好評既刊

真田一族と幸村の城

山名美和子

真田幸隆、昌幸、そして幸村の真田三代の跡を追い、幸隆が海野氏の血脈を継ぐ者として生を受けてから、幸村が大坂夏の陣で壮絶な最期をとげるまでの、およそ一〇〇年をたどる一冊。

習近平の闘い

中国共産党の転換期

富坂　聰

2013年、習近平は蔓延する官僚腐敗に対し「虎も蝿も罰する」と宣言した。大物（虎）も小物（蝿）も罰する、と。当初冷ややかに見ていた人民は、やがて快哉を叫ぶ。習近平は中国共産党の歴史を変えようとしていた。

ギャンブル依存症

田中紀子

ギャンブル依存症は意志や根性ではどうにもならない、「治療すべき病気」である。この病気が引き金となった事件を知り、私たち日本人は学ばなくてはならない。この国が依存大国から依存症対策国へと変わるために。

傍若無人なアメリカ経済

アメリカの中央銀行・FRBの正体

中島精也

為替相場はFRBの政策次第。日銀やECBの政策がどうあろうと、FRBが動けば、その方向に為替も動くのが世界経済の仕組みである。日米欧のキーマンたちによる金融覇権争いの姿を克明に再現する。

半市場経済

成長だけでない「共創社会」の時代

内山　節

競争原理の市場経済に関わりながらも、よりよき働き方やよりよき社会をつくろうとする「半市場経済」の営みが広がりはじめている。「志」と「価値観」の共有が働くことの充足感をもたらす共創社会の時代を遠望していく。